L'ADMINISTRATION

DE LA

COCHINCHINE FRANÇAISE

Par Léon BEUGNOT

Secrétaire des affaires indigènes en Cochinchine

PARIS

IMPRIMERIE V. GOUPY ET JOURDAN

RUE DE RENNES, 71

1879

L'ADMINISTRATION

DE LA

COCHINCHINE FRANÇAISE

Par Léon BEUGNOT

Secrétaire des affaires indigènes en Cochinchine

PARIS
IMPRIMERIE V. GOUPY ET JOURDAN
RUE DE RENNES, 71
—
1879

DE LA COCHINCHINE FRANÇAISE

S'il est plus d'une question à résoudre par la Représentation nationale,

Aucune cependant n'est actuellement aussi importante pour l'intérêt de la France que celle de la Cochinchine Française.

Cette colonie pourrait devenir beaucoup plus importante et aussi productive que les colonies hollandaises de la Malaisie, notamment de Java, et pas plus malsaine.

Comme ces colonies pour leur métropole, la Cochinchine serait un grand débouché pour les produits de la France et un lieu où iraient s'enrichir beaucoup de Français. Notre colonie pourrait comprendre au moins quinze millions d'habitants, qu'on pourrait garder avec quatre à cinq mille soldats français, et les milices indigènes.

Par les fleuves de la colonie, notamment par ceux du Tonquin, on aurait des bébouchés dans l'interieur de la Chine, dans les centres les plus peuplés, c'est-à-dire que la France en serait le grand fournisseur direct, et la Chine compte plus de trois cents millions d'habitants.

Mais actuellement quelle misère et quel contraste avec une aussi brillante situation facile à obtenir !

Tandis que la colonie de Java est la plus grande richesse de la Hollande, la Cochinchine est au contraire un fardeau pour la France !

Dans la première colonie aussi peu salubre que la seconde, l'administration hollandaise, par un système tout à fait simple et économique, sait maintenir la santé publique à une moyenne très-satisfaisante.

Dans la seconde, l'administration française par des procédés insensés et coûteux maintient une mortalité effrayante.

Il semblerait qu'on s'ingénie à dépenser le plus d'argent possible pour obtenir le plus mauvais état sanitaire possible.

Dans les colonies Anglaises et Hollandaises, leur administration estime avec raison qu'on ne saurait trop encourager leurs nationaux, et la production indigène.

En Cochinchine, l'administration regarde les colons français comme les plus redoutables adversaires, et leur fait une guerre ruineuse, constante. On y gaspille les revenus, on protége à outrance des immigrants vagabonds chinois ; mais ont est de la plus extrême sévérité pour tous les Français planteurs ou commerçants.

On leur fait une multitude de petits procès, on excite les populations indigènes contre eux, on rend impossible leur prospérité ; mais on donnera les travaux et les fournitures de préférence à des étrangers, et puis on fera de belles paperasses, de beaux arrêtés pour tromper le ministère et la France.

Loin d'encourager la production agricole, on s'oppose à ce que les indigènes cultivent des plantes, et notamment le café, qui, par leur vente, pourraient amener les commerçants français dans la colonie. On maintient une usure excessive en s'opposant à l'introduction des capitaux français parmi les indigènes, parce que cela introduirait le commerce français, et l'administration de la Cochinchine, pour éviter les déboires de celle des bureaux arabes, ne veut que des employés et pas de Français indépendants qui puissent la juger et la faire connaître.

Il est impossible d'imaginer une administration plus désastreuse pour les intérêts de la France.

Nous nous sommes adressé au ministère des colonies, mais dans les questions épineuses pour l'administration, on met les réformes au carton et on ne s'en occupe plus; mais la France y est tellement intéressée que nous nous sommes adressé à la Représentation nationale et à la publicité pour montrer les vices de l'administration et faire connaître les moyens simples et pratiques d'y remédier, de manière à rendre la Cochinchine la plus riche des colonies françaises y compris l'Algérie, et la plus paisible.

Nous allons faire connaître l'administration de la Cochinchine en commençant par son personnel

Du Gouverneur.

Il y a dans l'administration d'abord le gouverneur qui est nécessaire et sur lequel il y a peu d'observations à faire.

Lorsqu'un nouveau gouverneur est nommé pour la Cochinchine, il y vient avec l'intention d'opérer de grandes réformes.

Mais arrivé dans la colonie, il est trompé, circonvenu par tous les rapports mensongers des administrateurs et par les hauts personnages de l'administration. Il sent instinctivement qu'il y a beacoup de réformes à opérer, mais il ne sait à qui s'attaquer, il fait des essais qui ne réussissent pas, et après deux années de séjour il quitte la colonie désillusionné, souvent malade et avec la tristesse de n'avoir rien fait d'utile.

D'ailleurs un gouverneur militaire n'est utile qu'au point de vue de la sécurité de la colonie, son immixtion dans l'administration intérieure est presque toujours plus nuisible qu'utile. Cela tient à son tempérament militaire et à son inexpérience de l'administration civile.

Les gouverneurs anglais et hollandais sont tout autres, parce que la plupart du temps ils sont actionnaires d'entreprises commerciales, et leur esprit est plutôt porté vers le commerce, leur intérêt financier, que vers les règlements militaires.

Cependant nous constatons qu'on ne peut rien imputer aux gouverneurs qui se sont succédé en Cochinchine, et nous saisissons cette occasion pour témoigner que nous n'avons pas voulu les impliquer dans la critique que nous allons faire de l'administration.

Directeur de l'intérieur.

Le directeur de l'intérieur devrait avoir une grande autorité dans l'administration de la colonie, mais une des premières conditions devrait être qu'il ne sortît pas du corps des administrateurs ; car si l'administration est vicieuse, de quelle autorité pourra-t-il la changer et réprimer les désordres et les excès des administrateurs, lorsqu'il aura administré comme ces derniers qui connaissent diverses peccadilles qu'il est nécessaire de cacher ?

Peut-il dire aux administrateurs : J'ai administré comme vous, mais ne suivez pas mon exemple.

Non-seulement le Directeur actuel a été administrateur et a fait comme tous ses collègues, mais il a voulu continuer à figurer comme inspecteur, parce que, par un renversement de l'ordre naturel des choses, les inspecteurs sont mieux retraités que le Directeur de l'intérieur, leur chef.

Comme ces emplois d'inspecteurs sont complétement inutiles ; loin de réformer l'administration, le directeur actuel est au contraire obligé par son intérêt de la soutenir, composée telle qu'elle est, et de s'opposer à la suppression des emplois inutiles.

Donc la première condition est de placer à la tête de l'administration un directeur indépendant de la pression des administrateurs ; qu'il connaisse la colonie, et surtout qu'il sache appliquer résolûment les réformes nécessaires. Cela est indispensable, parce que, si on y met un directeur inexpérimenté ou sortant des administrateurs, les réformes décrétées seront seulement sur le papier, on fera de magnifiques rapports, de beaux arrêtés et puis ce sera tout ; l'administration ne sera pas changée, ses vices et la pauvreté de la colonie seront toujours les mêmes.

Qu'on se pénètre bien de ceci : c'est que les arrêtés et les circulaires ne sont actuellement jamais exécutés autrement en Cochinchine que sur le papier et non pas réellement.

Il est donc de toute nécessité que le directeur de l'intérieur puisse faire exécuter ses ordres et ceux du ministère d'une façon effective, et opérer les réductions nécessaires dans le personnel de l'administration sans avoir à craindre les dénonciations de personne, condition indispensable qu'on ne trouverait pas dans tout le personnel actuel des administrateurs et des inspecteurs.

Inspecteurs.

Après le directeur de l'intérieur, viennent les inspecteurs dont la solde et les diverses allocations forment pour chacun d'eux une somme d'environ trente mille francs.

Dans la langue française, inspecteur veut dire qui inspecte, qui contrôle ; mais en Cochinchine cet emploi a une tout autre signification. Un inspecteur n'y fait à peu près rien, administrativement parlant. Il touche de gros émoluments, mène une joyeuse vie à Saigon ou passe un congé en France, et là se bornent à peu près toutes ses occupations.

Lorsque l'administration a voulu occuper ces inspecteurs, tous anciens administrateurs, et qui, à vrai dire, ont proposé eux-mêmes la création de leur emploi, ne sachant pas bien quelle mission elle pouvait leur donner sans déranger la machine administrative, elle imagina de leur donner pour but de connaître l'esprit de la population.

C'était, à vrai dire, une plaisante mission, ou plutôt une sinécure, car l'inspecteur ne faisant que s'arrêter au chef-lieu de chaque inspection et traversant sa circonscription à toute vapeur, il ne peut guère connaître ce qui s'y passe ;

d'autant plus que, dans les endroits où il s'arrête, les réponses et les demandes à lui faire sont toujours réglées d'avance par les administrateurs, et comme les questions passent par les interprètes, ceux-ci disent ce qui leur est ordonné d'avance.

Si l'administration voulait réellement connaître les dispositions des populations, elle n'aurait qu'à s'adresser pour cela aux administrateurs qui connaissent certainement mieux leur arrondissement que celui qui n'y fait que passer, et qui n'ont aucun intérêt à cacher les dispositions hostiles ou soumises de la population.

Quand même les inspecteurs voudraient contrôler efficacement les actes des administrateurs, il leur serait bien difficile, parce que les attributions de ces derniers sont tellement multiples, tellement confuses, qu'il est presque impossible à quelqu'un de savoir ce qui se passe dans un arrondissement quand cette personne ne fait que d'y séjourner un jour, et que le cérémonial de sa venue, et des réponses et demandes à lui faire est, comme nous l'avons déjà dit, réglé d'avance par les interprètes.

Les inspecteurs ont tellement bien compris leur inutilité, qu'ils ont cessé de faire des tournées trimestrielles ainsi que le prescrit le règlement. A peine vont-ils quelquefois dans l'intérieur pour apaiser les querelles des administrateurs entre eux, et dans ce cas, leurs efforts tendent toujours à cacher les fautes de ceux-ci afin de ne pas ébranler l'administration déjà si menacée par ses vices.

Par suite de leur inutilité, les inspecteurs sont donc les défenseurs les plus résolus de l'administration telle qu'elle est actuellement composée. Un intérêt capital les y oblige, car si on veut réformer l'administration, la première chose à faire est la suppression de leur emploi en leur donnant ce qui a été versé pour eux à la caisse de la retraite qui consiste en un versement de cinq mille cinq cents francs par an.

Administrateurs.

C'est dans le personnel des administrateurs qu'est le vice capital de l'administration et en même temps sa forteresse.

En 1871, il y avait 49 administrateurs et pas d'emploi d'inspecteurs tels qu'ils sont institués actuellement.

Ils étaient chargés de l'administration de vingt-quatre inspections et ils étaient suffisants pour le service et au delà. Leur travail dans chaque inspection était exactement le même qu'actuellement ; les paperasses ont augmenté, mais ce ne sont pas les administrateurs qui les font.

Les inspections, de 24, ont été réduites à 18, et cependant il y a actuellement soixante-dix administrateurs, c'est-à-dire une augmentation de 21 administrateurs, quoiqu'il y ait six inspections de moins qu'en 1871 !

Le premier administrateur vient au bureau deux ou trois heures par jour ; il peut régler tous les différends des indigènes et faire ses rapports pendant ce temps.

Le deuxième administrateur signe de confiance, sans souvent les connaître, quelques pièces comptables que le premier administrateur pourrait signer, et le troisième regarde faire les deux premiers.

Voilà l'occupation administrative de ces trois messieurs.

Par un arrêté du gouverneur, les premiers administrateurs ne doivent juger que les causes importantes et renvoyer toutes les petites à la juridiction des autorités indigènes.

Mais, par suite de leur profonde ignorance, c'est le contraire qui se fait. Les autorités indigènes jugent toutes les causes importantes où elles peuvent satisfaire leur excessive vénalité, et ne laissent aux administrateurs que les causes insignifiantes d'où il n'y a rien à retirer.

Ainsi celles qui se présentent le plus souvent devant ces derniers, sont des disputes de femmes avec leurs maris, des réclamations de dettes insignifiantes et d'autres futilités de ce genre, et encore tout cela est passé au tamis par les interprètes qui prélèvent une rétribution, parce que les administrateurs n'ont généralement aucune connaissance sérieuse des langues indigènes et ne se mettent jamais en rapport direct avec la population sans interprètes, ce qui fait qu'ils ne sont jamais exactement renseignés.

Les quelques causes importantes qu'ils jugent leur sont envoyées par les autorités indigènes, qui veulent le plus souvent faire condamner à la prison ceux qui ont encouru leur animosité ; et encore, dans ces derniers cas, ce ne sont pas les administrateurs qui jugent véritablement, ce sont les chefs indigènes qui sont les juges réels par l'intermédiaire des interprètes qui font les interrogatoires comme ils le veulent, puisque presque jamais les administrateurs ne comprennent le langage des parties intéressées.

Les administrateurs doivent, il est vrai, connaître les langues indigènes de façon à pouvoir se passer d'interprètes, et dans ce cas ils sauraient ce qu'ils jugent, mais ils estiment qu'il est bien inutile d'apprendre sérieusement ces langues, puisque leur connaissance n'est pas exigée autrement que sur le programme des examens.

Au concours, il n'en est question que pour la forme et les neuf dixièmes des administrateurs qui sont reçus ne comprennent absolument rien d'une conversation entre indigènes.

Ah ! le programme des examens est magnifique ! Les connaissances des langues indigènes qui y paraissent exigées, seraient difficilement acquises par les plus savants lettrés du pays. Mais ce programme n'est fait que pour le ministère et le public et pas du tout pour les intéressés, c'est-à-dire les administrateurs.

Pour eux, il n'y a pas besoin d'être instruit sur les questions du programme pour être reçu avec un brillant succès, c'est complétement inutile.

Une seule fois, le président du jury d'examen des candidats au grade d'administrateur de 1re classe, dit à ceux-ci : Messieurs, je n'exige pas que vous ayez toutes les connaissances demandées par le programme, mais il faut que vous sachiez quelque chose pour être reçus ; ceux qui ne sauront rien seront refusés ; et ces candidats ne furent pas reçus. De là scandale, plainte au gouverneur contre le président du jury qui se permettait de refuser ceux qui ne connaissaient rien, comme si l'instruction des langues était utile !

N'avait-on pas accepté jusqu'à ce jour des candidats qui n'en savaient pas plus qu'eux ? C'était, selon eux, établir un précédent dangereux.

M. le Gouverneur fit droit à des réclamations aussi justes, il nomma un autre jury avec un nouveau président et donna des ordres en conséquence à ce dernier. Aussi MM. les refusés furent reçus cette fois avec un brillant succès, et le Gouverneur, pour mieux montrer l'injustice qu'on avait faite à ces administrateurs en les refusant la première fois, en nomma un d'entre eux examinateur, membre du jury à la session suivante.

Cet administrateur, il est vrai, ne connaissait pas un seul mot de la langue pour laquelle il était examinateur, mais le Gouverneur a estimé avec raison que les candidats n'ayant besoin d'avoir aucune connaissance des langues du pays pour être reçus, les examinateurs n'avaient pas besoin d'en connaître davantage.

Le but ostensible du programme est de ne recevoir que les candidats connaissant parfaitement les langues indigènes ; mais le programme ne s'écarte pas du reste, il n'existe que sur le papier.

Les notes du Gouverneur et du Directeur forment la moitié des points ; ajoutez à cela, ceux que par ordre supérieur, les examinateurs dociles donnent à ceux qui leur sont désignés, et vous aurez la valeur réelle de la nécessité de l'instruction demandée aux administrateurs.

Ceux qui sont reçus de préférence ne sont pas les plus méritants, les plus instruits, on s'occupe peu de cela, ce sont ceux qui savent le mieux soutenir les vices de l'administration.

Les administrateurs actuels ne sont pas foncièrement plus mauvais que d'autres ; ils ont tous reçu une excellente instruction et s'ils connaissaient parfaitement la langue annamite et étaient contrôlés, ils auraient pu trèsbien administrer leurs arrondissements respectifs ; mais par suite du manque prolongé de toute espèce de contrôle, pas même celui de l'opinion publique, puisqu'il n'y a dans chaque inspection que deux ou trois employés français sous leur dépendance, quels débordements d'excès !

L'un s'enivre d'une façon ignoble et va se coucher avec les prisonniers ; un autre condamne des contrebandiers à plusieurs milliers de francs d'amende et met l'argent dans sa poche; un autre laisse rendre la justice par ses domestiques ; un autre fait fermer les bureaux à l'occasion de la mort d'un de ses domestiques, mort de maladie vénérienne et d'excès d'opium, oblige d'assister à l'enterrement de cet homme tous les employés et fonctionnaires indigènes qui sont honteux d'assister à l'inhumation du corps d'un pareil individu ; un autre donne un grand banquet à tous les notables indigènes, les grise avec une barrique de vin et leur fait signer une pétition au gouverneur pour demander son maintien dans l'arrondissement, il devait être changé.

Cet administrateur était bien maladroit, il aurait pu faire signer sa pétition par tous les Annamites ou Cambodgiens de la colonie sans qu'aucun d'eux lui ait demandé d'explications. Un de ses collègues avait déjà employé deux fois ce moyen, mais à la troisième fois on l'a changé.

Il est facile de comprendre qu'avec une population semblable, les administrateurs puissent faire impunément les choses les plus arbitraires, quand la tête de l'administration, c'est-à-dire le directeur et les inspecteurs, sont complices, et qu'on peut toujours trouver vingt mille individus qui déposeront ce que l'on voudra. L'obéissance aux supérieurs n'est pas considérée comme faux témoignage en Cochinchine et est de rigueur.

Et quelle dépravation honteuse des mœurs des administrateurs ! Nous pourrions faire plusieurs volumes de l'histoire de leurs peccadilles, mais nous nous arrêtons là. D'ailleurs s'ils administrent mal, s'ils se livrent à d'ignobles débauches, c'est parce qu'on ne les contrôle pas, c'est parce qu'on les laisse faire.

Cependant ces excès montrent combien il est capital pour les administrateurs d'empêcher l'introduction de l'élément français dans la colonie, parce que l'introduction de la colonisation et du commerce français amènerait le contrôle ; les administrateurs seraient sous les yeux de l'opinion publique ; les Français devenus nombreux seraient forts et soutiendraient leurs intérêts avec succès ; l'omnipotence des premiers cesserait, leurs désordres seraient réprimés, les revenus seraient dépensés utilement dans l'intérêt de la colonie, les partages illicites seraient punis, etc.

Aussi les administrateurs font-ils une guerre constante et acharnée à l'élément français.

Si un Français vient dans un arrondissement pour y faire du commerce, l'administrateur lui suscite toutes sortes d'obstacles ; il le dénigre dans l'esprit des indigènes, et ceux-ci, sur les renseignements de l'administrateur, refusent au Français de lui louer les bateaux et les journaliers qui lui sont nécessaires. Dans chaque chef-lieu d'arrondissement, l'administrateur exige que tout Français commerçant de passage se présente devant lui : on voile cette violence sous le prétexte de protéger les Français.

Quelle singulière protection ! Une protection semblable à celle qu'on donne en France aux forçats libérés ! Et ce qui en rend l'assimilation encore plus complète, c'est que lorsque les Français de passage ne se rendent pas chez l'administrateur, celui-ci leur envoie une escouade de miliciens pour leur indiquer par la force au besoin le chemin de son habitation.

Si le commerçant ou le colon français réside dans un chef-lieu d'inspection, à moins d'être cabaretier, sa position est plus intolérable encore. Il ne trouvera aucun journalier pour ses travaux, les indigènes ne voudront lui vendre leurs denrées qu'au double de leur valeur ; il sera pillé, volé, et les auteurs ne seront jamais punis. S'il est lésé dans ses transactions, jamais justice ne lui sera faite, mais par contre il aura une foule de petits procès, de plaintes contre lui, que lui intenteront les Chinois et les indigènes à l'instigation de l'administrateur, qui remplissant à la fois les fonctions de véritable accusateur et de juge, le condamnera toujours. Ce Français peut en appeler au tribunal de Saigon des jugements de l'administrateur qui l'a condamné, mais quel témoignage pourrait-il invoquer ?

Celui des indigènes sera toujours en faveur de l'administrateur leur supérieur, et les quelques Français présents qui sont tous employés, n'oseront pas témoigner contre leur chef, témoignage qu'ils paieraient cher dans la suite, s'ils osaient déposer selon leur conscience.

Et quand, par un concours de circonstances très-rares, le Français lésé pourrait prouver la justice de sa cause devant le tribunal d'appel, il n'y gagnerait qu'une satisfaction d'amour-propre, parce que l'administrateur est juge et son jugement ne pourrait être que cassé, c'est-à-dire que le tribunal reconnaît simplement que l'administration n'a pas eu raison et puis l'affaire en reste là, le plaignant n'est pas mieux loti après qu'avant, et il est exposé aux suites de la vengeance de l'administrateur.

Aussi tous les Français qui ont voulu s'établir dans l'intérieur de la colonie se sont-ils ruinés. En vain beaucoup d'entre eux étaient-ils riches, honorables, décorés même : tous ont été en lutte constante avec les administrateurs. Par un procédé sans exemple, l'administration française de la Cochinchine a expulsé par la force un Français des plus honorables, établi dans une contrée qui par lui venait d'être placée sous le protectorat de la France. Nous avons nommé le malheureux M. Dupuis.

Et MM. Taillefer, Brou, Kresser, et tous les Français de la colonie pourraient témoigner de la vérité bien adoucie de nos assertions, puisque tous ont été ou sont encore victimes de l'animosité de l'administration.

La Banque française même, malgré le patronage du gouverneur et du directeur de l'intérieur, n'a pu placer ses capitaux chez les indigènes.

Quoique la manière de faire ces placements soit mauvaise et assez singulière puisque, en y concourrant, l'administration devait avoir 3 0/0 d'intérêt des capitaux que plaçait la Banque, cependant ces emprunts à la Banque par les indigènes étaient un grand bien pour eux, puisqu'ils empruntent actuellement sur leurs récoltes des sommes dont l'intérêt n'est jamais au-dessous de *six à huit p. 100 par mois.*

La Banque leur offrait ses capitaux avec la garantie de leurs récoltes à 15 0/0 par an, c'est-à-dire à un taux six fois moindre que celui auquel ils empruntent ; mais les administrateurs ont trompé ces malheureux indigènes. Ils leur ont tous montré les prêts de la Banque accompagnés de la prison et de la vente de leurs biens, et les ignorants indigènes effrayés de tant de dangers, ont refusé les capitaux que la Banque leur offrait.

Les administrateurs ont craint que l'introduction des capitaux de la Banque n'amenât les commerçants français, parce que d'après les statuts, la Banque ayant le droit d'acheter les récoltes d'avance à des prix rémunérateurs, le commerce serait passé en partie entre les mains des Français, et c'eût été la ruine des usuriers chinois qui achètent les récoltes d'avance au tiers à peu près de leur valeur.

L'intérêt de l'agriculteur, c'est-à-dire de la colonie, importe peu aux administrateurs lorsqu'il amène l'introduction des Français.

Si la Banque, toute-puissante qu'elle est, et quoique appuyée par le gouverneur et le directeur de l'intérieur, n'a pu réussir, comment des Français sans appui pourraient-ils y arriver ?

C'est absolument impossible, les administrateurs sont trop puissants contre eux et la France est trop loin.

Mais pour s'entendre avec les Chinois, pour gaspiller à leur profit les revenus de la colonie, les administrateurs sont passsés maîtres.

Ils attestent des dépenses aléatoires, certifient exactes des signatures de fournisseurs qui sont faites par le premier lettré venu pour des dépenses qui n'existent pas plus que le fournisseur. L'explication de tout cela viendra plus loin.

Cependant par l'énergique intervention d'un inspecteur, le seul qui nous paraisse avoir eu les mains pures, et qui ait voulu résolument le bien de la colonie, le ministère a introduit l'élément civil dans le personnel des administrateurs, en les prenant presque tous parmi les bacheliers et licenciés sortant des écoles.

Mais, hélas! cette mesure, quoique bonne en principe, n'a produit aucun bien. Les administrateurs civils administrent comme les militaires et peut-être encore plus mal, parce que les militaires étaient déjà des hommes mûrs quand ils sont entrés dans l'administration et par cela sont plus réfléchis.

Comment ces jeunes civils pourraient-ils bien administrer ?

En sortant des écoles, n'ayant aucune expérience, aucune idée de l'administration, on les nomme administrateurs, et quel exemple d'administration ont-ils !

Comment apprendraient-ils d'autres notions d'administration que celles qu'ils voient pratiquer, eux qui sont sans expérience et sortent seulement de l'adolescence ?

Tant qu'ils ne sont que troisième ou deuxième administrateurs, leur autorité est nulle, parce que le premier est tout et les deux autres rien ; mais lorsque ces civils sont premiers administrateurs, ils administrent comme ils ont toujours vu faire pendant qu'ils ont été en sous-ordre. Ils dépassent encore les excès des militaires, parce qu'ils sont plus jeunes et ont moins d'expérience.

Il faut donc de toute nécessité enlever aux administrateurs la juridiction des Français ; donner à ces derniers un point d'appui contre eux dans la chambre de commerce ; obliger ces administrateurs à connaître parfaitement la langue annamite, afin qu'ils puissent se passer d'interprètes ; les obliger à exécuter d'une façon effective les ordres qui leur sont donnés au lieu de les éluder ; contrôler sérieusement leurs actes de la manière que nous indiquerons plus loin, et en renvoyer la moitié en leur payant ce qui leur est dû sur la caisse de réserve, à laquelle il est versé pour chacun d'eux une somme de 3,500 à 4,500 francs par an. D'ailleurs le décret qui les a créés prévoit cette réduction.

La moitié des administrateurs actuels est plus que suffisante pour l'administration de la Colonie. Il n'y a du travail que pour un seul, et si les deuxième et troisième administrateurs font de l'administration, c'est que le premier s'en occupe peu, ou ce que font ses collègues subordonnés est sans utilité, et nul.

Lorsqu'il n'y a qu'un administrateur par inspection, les affaires marchent beaucoup mieux que lorsqu'il y en a deux ou trois, parce que le premier administrateur est généralement en querelle avec les deux autres, qui n'ayant aucune autorité, le jalousent.

D'après le règlement, ils ont des fonctions importantes, mais en réalité, ils ne sont rien, le premier est tout.

C'est exactement la même chose que s'il y avait trois préfets par département et logeant dans la même maison.

Dix-huit administrateurs suffisent donc pour administrer les dix-huit inspections de la Cochinchine ; ensuite trois détachés à divers emplois, huit détachés à l'intérieur, comme nous allons l'expliquer, et six en congé, soit en France, soit dans un lieu salubre de la colonie, comme nous l'expliquerons à la fin de ce travail.

Il faut, comme nous l'avons dit, exiger que tous les administrateurs chargés de diriger un arrondissement, connaissent assez les langues du pays pour pouvoir se passer des interprètes, parce que c'est l'administration française qui endosse tout l'odieux des jugements injustes rendus par les administrateurs par suite de leur ignorance.

Pour y arriver, il faut user d'un moyen pratique qu'emploie la mission, en Chine et en Cochinchine.

Lorsqu'un missionnaire a une petite connaissance scientifique de la langue du pays, comme l'ont les administrateurs en sortant du collége des Stagiaires, la mission envoie ce missionnaire seul au milieu des indigènes, et, un an après, il peut converser avec tous les habitants du pays, tandis que, actuellement, des administrateurs qui ont plusieurs années de séjour dans la colonie, aucun ne comprend une conversation entre indigènes, et très-peu peuvent se faire comprendre d'eux.

Il faut faire comme la mission, détacher les administrateurs qui ne dirigent pas d'arrondissement, dans des centres isolés dans l'intérieur, où il n'y ait aucun Français, les obliger à y résider avec un lettré, en ne leur permettant de se servir d'aucun indigène parlant le français, leur donner une escorte de trois ou quatre miliciens, et leur défendre de s'immiscer dans les affaires ou contestations des indigènes pendant le temps qu'ils n'auront pas d'inspection à diriger.

De cette façon ils apprendront rapidement la langue annamite, pourront converser avec les indigènes, connaître les besoins du pays, ainsi que les abus des fonctionnaires indigènes. Etant mêlés avec la population, ils feront plus pour la colonisation pendant une année, que tous les administrateurs n'ont fait jusqu'à présent depuis l'occupation de la colonie.

Mais pour opérer toutes ces réformes, il faut un directcur de l'intérieur bien résolu à les faire, parce qu'il aura tous les administrateurs contre lui.

Jusqu'à présent, le ministère n'a pas encore trouvé de véritable directeur de l'intérieur pour la Cochinchine française.

Personnel français des bureaux.

En Cochinchine, comme partout, la bureaucratie est forte, mais plus qu'ailleurs ; par l'excès des écritures pour augmenter son importance, elle met obstacle à la clarté et au contrôle des actes de l'administration.

On fait tellement de paperasses actuellement, que la question n'est plus de connaître si une dépense est en rapport avec la fourniture ou le travail qui a été fait, mais de savoir si toutes les paperasses, toutes les formalités ont été fournies.

On fait sur le papier, dans chaque inspection, un inventaire général du matériel tous les mois, mais jamais on ne fait d'inventaire effectif.

Les Chinois immigrants paient une cote individuelle de 25 fr. par an, et on donne une carte de séjour à chacun de ceux qui paient.

Il semblerait à un simple mortel de bon sens que, pour s'assurer si ces Chinois ont payé, ce serait de vérifier s'ils possèdent chacun une carte de séjour ; mais la bureaucratie en Cochinchine n'a que faire de ce moyen trop simple pour elle.

Pour contrôler le payement de la cote personnelle des Chinois, on fait des écritures, toujours des écritures, et puis c'est tout ; on ne s'informe pas autrement s'ils ont payé.

Aussi les Chinois ne paient-ils qu'en petit nombre la cote personnelle.

Actuellement il n'y a d'utile dans toutes les écritures qui sont faites dans l'administration, que ce qui concerne la perception des impôts ; presque tout le reste est inutile.

Ainsi, longtemps avant que le personnel ne soit payé, on établit l'état de solde. Plus de la moitié des signatures portées sur cet état sont faites, dans les inspections, par un lettré ou un interprète. L'administrateur certifie que ce sont bien les signatures des intéressés, et quinze jours avant le payement, deux témoins y certifient que les illettrés ont été payés en leur présence.

Tous les états de dépenses au nom des indigènes valent l'état de solde. Presque toujours ce sont les lettrés qui signent en chinois pour des fournisseurs qui n'existent souvent pas ; on y met le premier nom venu ou bien on certifie que ce fournisseur est illettré, et des témoins certifient avoir vu payer avant que le paiement ne soit fait.

Il est bien entendu qu'on ne peut rien imputer à ces témoins puisque leur signature est obligatoire ; mais pourquoi faire de semblables écritures puisqu'elles n'ont aucune valeur ?

Pour prouver que les administrateurs sont intègres, on les oblige à fournir un état où ils certifient qu'il ne leur est rien resté sur la solde ou qu'il leur est resté une certaine somme. Cela revient à leur demander de certifier qu'ils n'ont rien volé, et personne ne va vérifier si ce qu'ils certifient est vrai ou faux.

Quel singulier contrôle! Et le gouverneur qui a trouvé cela était convaincu, disait-il, que c'était un moyen infaillible pour démontrer la fausseté des accusations des détracteurs de l'administration.

On est obligé d'établir des écritures pour liquider les dépenses, mais qu'elles soient sérieuses, que les signatures qui y sont portées soient bien réelles.

Ainsi les états de solde, sans être signés, peuvent être vérifiés par les bureaux à Saigon, et puis ensuite émargés au fur et à mesure du paiement de la solde aux intéressés. Les témoins qui attestent les paiements faits aux illettrés, devraient certifier aussi tous les paiements faits aux indigènes lettrés, parce que les signatures des indigènes n'ont aucune valeur.

Ces témoins devraient être Français et responsables de leur signature, c'est-à-dire qu'ils devraient être prévenus que, s'ils donnaient leur signature par complaisance et sans assister au paiement de la dépense qu'ils certifient avoir vu payer, ces témoins français seraient révoqués, s'ils étaient employés dans l'administration, sans préjudice des poursuites judicaires qui pourraient être exercées contre eux, et s'assurer rigoureusement, dans les commencements, si ces prescriptions sont observées.

Lorsque quelques-uns de ces témoins auraient été ainsi punis, ce qui ne manquerait pas d'arriver dans les premiers temps, on pourrait être assuré qu'un paiement attesté par deux témoins français aurait été réel et non fictif.

Ces signatures de deux témoins ainsi vérifiées de temps à autre, feraient plus pour le contrôle des dépenses que toutes les écritures actuelles.

En Cochinchine, l'administration ne s'applique qu'à

faire de beaux états, de belles paperasses. On ne s'occupe pas si elles sont exactes ou non, et tout le personel sait qu'elles ne le sont pas ; mais elles sanctionnent, elles légalisent tous les gaspillages, toutes les dilapidations, et font une sorte de vernis sur tous les actes de l'administration.

Ces écritures sont si bièn faites, elles fournissent tant de signatures, tant de preuves, on fait de si beaux rapports, que celui qui ne connaît pas parfaitement l'administration peut croire qu'elle est un modèle de perfection. Mais cette perfection n'est que sur la toile, derrière est le désordre et les excès de toutes sortes.

Tout en donnant de la valeur aux écritures, on peut en supprimer une grande partie qui est inutile, et diminuer de beaucoup le nombre des employés.

En 1873, la solde du personnel français des bureaux de la direction à Saigon et dans les inspections, était de 431,000 francs, et en 1876 le montant de la solde du même personnel s'élevait à 532,000, c'est-à-dire une augmentation d'un tiers dans trois ans. Cependant en 1873 les écritures étaient déjà trop nombreuses et le personnel était bien suffisant. Mais l'administration se sent tellement vicieuse, que ne voulant pas se réformer, elle cherche à cacher ses vices derrière un amas d'écritures qui sont destinées à tromper le public et surtout le ministère.

On peut réduire d'un tiers le personnel des secrétaires français, parce que, outre la suppression des écritures inutiles, si l'administration avait en Cochinchine un lieu salubre pour les convalescents et les anémiés, ce qui est facile à faire, elle ne serait pas obligée d'avoir tant de fonctionnaires et d'employés en convalescence en France, et pourrait, par là, réduire son personnel.

Personnel indigène.

Une très-grande réduction est à opérer dans le personnel indigène de l'administration. Les deux tiers de ce personnel sont de trop.

Il y a actuellement dans les bureaux de chaque inspection une moyenne de plus de dix lettrés ou interprètes. Sur ce nombre sept sont de trop pour les trois quarts des inspections.

Il n'y a du travail que pour trois indigènes, il est donc inutile d'en employer dix.

Cette exagération du personnel est mauvaise, parce qu'elle porte l'esprit de la population vers le fonctionnarisme qui est la vénalité parmi les indigènes, et détourne de l'agriculture les hommes intelligents, en leur montrant un autre objectif.

— Cela fait un grand tort à la colonie.

Sans doute on ne doit pas licencier le personnel existant, mais on peut en placer une partie dans les bureaux du service maritime, qui n'emploie presque toujours que des nègres ou des hindous.

Cette intrusion étrangère est profondément regrettable, parce que, outre que cette race est méprisée par les Annamites, ces derniers ne sont pas employés dans les autres colonies, et les émigrants de ces dernières n'ont absolument aucun droit à venir occuper les emplois de l'administration aux dépens des Annamites, surtout que la plupart de ces émigrants viennent de l'Inde où nous ne possédons que quelque points isolés et n'avons aucun intérêt sérieux.

Leur emploi en Cochinchine est donc une mesure injuste autant qu'impolitique, parce qu'elle blesse à bon droit les indigènes qui prétendent, avec raison, avoir le droit d'occuper les emplois qui ne sont pas donnés aux Français.

On peut donc réduire considérablement le personnel indigène des bureaux en en plaçant une partie à la place des employés étrangers à la colonie non Français, et en ramenant ce personnel au nombre seulement nécessaire par extinction, sans faire aucun licenciement.

Une grande faute qu'a faite l'administration, a été de conserver les *phùs* et les *huyens*, c'est-a-dire les préfets et sous-préfets indigènes.

Ou ces gens-là sont sans influence et dès lors inutiles, ou ils sont influents et alors dangereux.

Dans le premier cas, ils n'ont aucune autorité, ils ne jugent rien de sérieux, ils sont sans importance et la population ne leur porte que du respect.

Dans le second cas, s'ils sont influents, ils font beaucoup de mal, parce que leurs décisions, leurs jugements, sont toujours favorables à ceux qui leur offrent le plus ; ils ne sont guidés que par la vénalité, et ils se livrent à des excès qu'ils rejettent toujours sur les administrateurs français.

Aux yeux des Annamites, les chefs de canton représentent l'intérêt des populations, tandis que les phùs et les huyens représentent l'intérêt du Gouvernement, et le Gouvernement c'est pour eux l'exaction.

Ils réclament sans crainte contre les chefs de canton qui sont considérés d'essence démocratique ; mais aucun d'eux n'osera élever la voix contre les préfets et sous-préfets, parce que ces derniers sont mandarins et représentent le Gouvernement, c'est-à-dire l'omnipotence.

Les administrateurs actuels représentent les mandarins de l'ancien régime ; il est inutile et dangereux d'établir à côté d'eux des mandarins indigènes, qui affectent de tenir leurs pouvoirs autant du roi d'Annam que de l'administration française, tout en affectant souvent une politesse servile envers les administrateurs.

Ces gens-là ont intérêt à ce que les administrateurs soient trompés et tenus dans l'ignorance de ce qui se passe, parce qu'alors ils sont les véritables administrateurs de l'arrondissement ; tandis que, si les administrateurs sont exactement renseignés par les chefs de canton qui n'ont aucune omnipotence, les mandarins indigènes sont inutiles.

Un mandarin indigène influent peut susciter une rébellion, autant par son autorité que par la crainte qu'il inspire ; une insurrection ne peut avoir lieu qu'avec son consentement, son appui, tandis qu'il est impossible à un chef de canton de fomenter une révolte, parce que son pouvoir ne s'étend que sur un canton et que les Annamites ne lui reconnaissent pas une autorité suffisante pour se révolter contre l'administration, malgré qu'elle soit étrangère.

La suppression de ces emplois de mandarins par extinctions ne mécontenterait que quelques ambitieux. La grande masse de la population s'habituerait à porter ses contestations, ses différends devant la justice française, où elle trouverait l'équité, au lieu de la rançon et de la vénalité des mandarins.

Les chefs de canton eux-mêmes seraient heureux de cette mesure.

Il n'y a aucune objection fondée à opposer à cette suppression.

Instruction publique.

En 1871, le budget de l'instruction publique était de 298,000 francs, et cinq mille six cents élèves fréquentaient les écoles.

En 1876, le même budget était de 400,000 francs et deux mille huit cents élèves seulement suivaient les cours des mêmes écoles.

Ainsi, en 1871, on dépensait un tiers d'argent en moins qu'en 1876 et on instruisait le double d'élèves. Voilà les progrès de l'administration de la Cochinchine.

Il semblerait que son principal objectif est de progresser dans le mal en progressant dans les dépenses.

En 1871, il y avait cent trente écoles ; actuellement il en a à peine quarante.

En 1871, l'enseignement des caractères latins menaçait de remplacer complétement l'écriture chinoise, et c'eût été un grand bien, puisqu'il faut toute la vie d'un homme pour avoir une connaissance complète des caractères qui composent cette écriture.

Actuellement l'écriture latine qui serait une si grande révolution au profit de la science est délaissée, et l'écriture chinoise enseignée dans les écoles libres reprend partout le dessus.

Cette décadence des caractères latins est des plus funestes. Non-seulement il faut une longue période de temps pour apprendre l'écriture chinoise, mais encore celui qui n'a qu'une connaissance première de cette écriture ne peut écrire une lettre. Il est obligé de s'adresser à un lettré, à un savant. Au point de vue politique, l'instruction française est le plus puissant moyen de colonisation et d'assimilation.

Actuellement il n'y a plus qu'une école au chef-lieu de chaque inspection. C'est exactement la même chose que s'il n'y avait en France qu'une école primaire par arrondissement.

Chaque école doit être fréquentée par un certain nombre d'élèves pris proportionnellement dans tous les villages de l'inspection, qu'ils soient éloignés ou proches.

C'est par la force qu'on maintient ce nombre d'élèves dans chaque école. Des villages qui sont éloignés de plus de trente kilomètres de l'école, sont cependant obligés d'y envoyer un certain nombre d'enfants. Dans ce cas, ce sont généralement les enfants des pauvres à qui le village paye une rétribution, pour les indemniser de cette lourde obligation.

Si cette fréquentation des écoles officielles n'était pas obligatoire, ces écoles seraient délaissées presque toutes, à l'exception de quelques écoles catholiques.

Il est certain que, si l'instruction est gratuite en Cochinchine, qu'elle coûte beaucoup au gouvernement, elle est cependant une lourde charge pour les populations, par l'obligation où ils sont d'envoyer leurs enfants à l'école de si loin.

Comment voudrait-on qu'une instruction qui leur est si

onéreuse soit acceptée par eux avec faveur? Aussi cette malheureuse instruction française décline-t-elle tous les jours. Les rares enfants envoyés volontairement aux écoles sont tous destinés par leurs parents à occuper des emplois dans l'administration ; c'est dans ce seul but que les bons élèves continuent à fréquenter les écoles françaises, sinon ils s'instruisent dans les écoles d'écriture chinoise.

En 1871, le traitement des instituteurs indigènes était relativement plus élevé que celui des instituteurs de France, parce que l'indigène en Cochinchine vit très-bien avec une faible somme. Ce traitement était donc suffisant.

Mais actuellement cette solde est triplée et les instituteurs n'en sont pas meilleurs, c'est peut-être le contraire, parce qu'en 1871, l'instituteur était très-considéré des indigènes qui envoyaient avec plaisir leurs enfants aux écoles françaises, et que cet instituteur était souvent placé sous la surveillance des autorités indigènes. Cette immixtion des autorités indigènes popularisait, nationalisait l'instruction française.

Maintenant l'instruction française est repoussée comme étrangère et inutile. Cette instruction est cependant d'une importance capitale au point de vue politique de la science et de la prospérité de la colonie.

Elle est le plus puissant moyen de propagande. Par cette instruction qui diffère si essentiellement de l'enseignement chinois, les indigènes rompront peu à peu avec les anciennes coutumes, avec les anciens usages qui les rendent rebelles à la civilisation française et les rattachent de cœur à l'indépendance des provinces gouvernées par un roi.

Dans une année ils acquerraient plus de science dans une école française que dans quatre années d'école chinoise, dont le summum de toute science se réduit à connaître seulement les caractères de l'écriture. Ils pourraient correspondre facilement entre eux sans le secours d'un lettré, et en propageant parmi les indigènes des livres intéressants qui enseignent les cultures spéciales, telles que celles du café, de l'indigo, du cacao, etc., non-seulement, on leur rendrait la lecture attrayante et familière, mais on leur apprendrait encore à cultiver ces riches plantes en leur en montrant les bénéfices.

Au lieu de répandre parmi les indigènes des livres utiles qui les intéressent, en langue du pays avec l'écriture française, on leur donne des abrégés de l'histoire de France, des traités d'arithmétique, de géométrie, imprimés en langue française qu'ils ne comprennent pas, au lieu de les imprimer en langue du pays avec des lettres françaises.

Et puis que leur importe l'histoire de France et tous les livres de sciences quand ils savent à peine lire en langue annamite avec l'écriture française ? Avant de vouloir leur enseigner la géométrie en français, il faudrait d'abord leur enseigner à comprendre, à lire et à écrire le français. Mais l'administration s'occupe fort peu de l'utilité de ce qu'elle fait. Pourvu que ce soit compliqué et coûteux, cela lui suffit.

Pour remplacer complétement l'écriture chinoise par l'instruction français avec le même budget, il faut d'abord placer les instituteurs indigènes dans deux classes, l'une à 360 fr., et l'autre à 600 fr., par an, qui leur seront payés par l'administration.

Outre cette solde, ces instituteurs devront avoir le

logement et le riz qui est leur nourriture, fournis par les villages.

Cela sera en définitive bien peu de chose, une poignée de riz par habitant, c'est à dire presque rien. Les Annamites paient plus cher leurs maîtres d'écoles libres qui ne recoivent aucun salaire de l'administration. L'obligation où ils sont d'envoyer leurs enfants à une école française très-éloignée est une plus lourde charge pour eux.

Une solde de 360 fr. et ensuite 600 fr. par an, puis la nourriture et le logement, font une belle position pour un indigène en Cochinchine. Les maîtres des écoles libres n'en gagnent pas la moitié. C'est donc sufisant.

Il faut placer ensuite deux instituteurs pour deux écoles par canton sous la surveillance du chef et du sous-chef de canton.

Il y a en Cochinchine deux cents cantons comprenant une population totale d'environ deux millions d'habitants, ce qui ferait une moyenne de cinq mille habitants par école avec quatre cents écoles.

Ainsi avec le même budget on aurait vingt fois plus d'écoles qu'actuellement. Cela est simple à prouver.

Quatre cents instituteurs payés à une solde moyenne de 500 fr. l'un, par an, feraient une dépense de deux cent mille francs. Ensuite deux cent mille francs pour les écoles spéciales et les subventions sont suffisants. Ce qui fait une dépense totale de quatre cent mille francs, la même que la dépense actuelle.

Il y a aussi les dépenses pour le matériel des écoles, mais cela n'est pas compris dans le budget du personnel, et forme un paragraphe à part.

Cette réforme si importante ne se fera qu'avec un directeur de l'intérieur résolu, qui sache diriger l'administration et ramener l'enseignement à un point de vue positif et pratique

Personnel des travaux publics.

Les Travaux publics comprennent les Bâtiments c vils et les Ponts et chaussées.

Dans l'origine, ce service avait une grande importance, parce qu'il y avait à construire les rues de Saigon, le palais du gouvernement et divers autres travaux qui, à cette époque, n'étaient pas mis en adjudication.

Mais maintenant ce service est devenu inutile. Toutes les rues de Saigon sont à peu près terminées, l'entretien de ces rues appartient à la Municipalité; toutes les constructions sont mises en adjudication, et cependant le personnel des Travaux publics augmente constamment.

En 1871, la solde de ce personnel était de 233,000 francs; en 1876 elle s'élevait à 302,000 francs ! Actuellement ce service ne fait presque plus rien et cependant la solde de son personnel a augmenté de 70,000 fr. en cinq ans.

Ses occupations consistent à entretenir quelques extrémités de rues dont on ne veut pas laisser la voirie à la municipalité afin de mieux cacher l'inutilité du service, et à faire quelques travaux insignifiants.

Le montant des travaux construits par les Travaux publics est bien inférieur à la solde du personnel de ce service.

Pour un travail insignifiant qui nécessite quelques ouvriers, il y a d'abord un surveillant pour surveiller les ouvriers, un piqueur pour surveiller le surveillant, un conducteur pour surveiller le piqueur, le chef de section pour surveiller le conducteur, et le chef du service, qui n'ayant pas grand'chose à faire, va aussi surveiller ces petits travaux.

Puis il y a en outre une légion de surveillants, piqueurs ou conducteurs en qui on n'a pas de confiance, et qui ne font guère que d'assister au bureau où ils ne font rien d'utile.

Il y a aussi de nombreux employés de bureau dont les occupations ont la même utilité que les piqueurs, surveillants et conducteurs qui n'ont rien à faire. Toute la comptabilité des travaux est faite par les bureaux de la Direction de l'intérieur et n'est pas réglée par le service des travaux publics.

Il faut en vérité qu'on ne s'occupe pas du tout de la Cochinchine pour laisser subsister un semblable état de choses.

Le service des Travaux publics étant inutile, il faut le supprimer complétement, et le remplacer par deux ou trois architectes et deux conducteurs.

Les architectes et les conducteurs assistés de quelques fonctionnaires, visiteraient annuellement toute la colonie et proposeraient les travaux et constructions qui sont nécessaires et les feraient mettre en adjudication, ensuite iraient les recevoir lorsqu'ils seraient terminés.

Nous donnerons des explications plus détaillées au chapitre du matériel.

La Municipalité de Saigon devrait avoir la charge de l'entretien de toutes les rues de la ville, ce qu'elle réclame du reste, au lieu d'en avoir la presque totalité.

Les travaux seraient tous mis en adjudication absolument comme cela se fait actuellement, les administrateurs ne pourraient pas demander des constructions inutiles et le budget n'aurait plus la charge de la solde d'un nombreux personnel.

Chaque fois que le service des travaux publics a entrepris directement des travaux, soit par suite de régie, soit autrement, ces travaux ont coûté à l'administration le double de ce qu'aurait demandé l'adjudication, sans compter naturellement la solde du personnel de surveillance.

Malgré un si nombreux personnel, il n'y a aucune surveillance efficace des travaux faits par l'adjudication. Les surveillants délégués par les travaux publics sont absolument inutiles, parce qu'ils connaissent très-peu leur métier, et sont à peu près délaissés par leur service, qui s'occupe fort peu si une construction aura une courte ou une longue durée; au contraire, moins les constructions ont de solidité, plus tôt elles sont à recommencer, plus le service a d'importance, et plus le chef de service peut demander de personnel.

Généralement lorsque les travaux sont terminés, personne ne s'occupe s'ils ont été bien ou mal construits, la commission qui reçoit ces travaux n'existe la plupart du temps que sur le certificat de réception définitive.

La question du nombre du personnel a une importance extrême pour un chef de service, parce que du nombre de ce personnel dépend sa propre importance.

Un chef de service qui n'a que quelques employés sous ses ordres est peu considéré et peu rétribué, tandis que celui qui a un nombreux personnel est bien considéré, influent et a des émoluments élevés. Aussi tous les chefs de service réclament-ils à grands cris une augmentation de personnel.

Cette digression nous a paru nécessaire pour faire connaître le mobile de l'augmentation des dépenses du personnel.

Pour le service des travaux publics, s'il est inutile, il y a une mesure à prendre qui ne l'est pas, c'est de le supprimer.

Mais pour opérer cette réforme, il manque à la Cochinchine un directeur de l'intérieur résolu, inflexible, avec de grands pouvoirs.

Police.

Pour les deux seules villes de Saigon et de Cholen, le budget du personnel de la police est de 270,000 francs, et c'est dans ces deux villes que se commettent le plus de crimes. Le vol y est à l'état latent.

Il n'y a un personnel de police que dans ces deux villes.

Dans les centres populeux de l'intérieur de la colonie, il n'y a pas d'agent de police, et cependant la sécurité y est bien plus grande qu'à Saigon et à Cholen. Il y a plus de vols commis avec effraction dans ces deux dernières villes que dans tout le reste de la Cochinchine, et presque jamais les criminels n'y sont découverts.

Cette impunité et en conséquence ce grand nombre de vols ont plusieurs causes. D'abord, de la complicité d'une partie des agents asiatiques, du relâchement de la sévérité, et puis, à la suite du grand nombre de voleurs, de l'indifférence qu'on apporte à les arrêter.

Ainsi si quelqu'un surprend un voleur dans sa maison et qu'il le conduise à la police, on lui demande s'il a des témoins du vol, on ne va presque jamais le constater, et s'il n'y a pas eu de témoin au moment du vol autre que la victime qui a arrêté le malfaiteur, ce qui arrive presque toujours, on relâche immédiatement le malfaiteur. D'ailleurs, en Cochinchine, personne ne dénonce le vol, et les témoins indigènes diraient qu'ils n'ont rien vu.

Les juges aussi, peut-être à cause du trop grand nombre d'accusés, sont d'une excessive indulgence pour les coupables. A part quelques exceptions, ils condamnent les voleurs à trois ou quatre mois de prison dans laquelle ils sont assez libres et très-bien nourris.

Ainsi un voleur est pris une fois sur cent qu'il a volé, et lorsqu'il est condamné, il va s'engraisser pendant trois ou quatre mois en prison, et naturellement il recommence ses méfaits lorsqu'il a terminé sa peine.

Pour assurer la sécurité et effrayer les coupables, il faut appliquer la loi indigène dans toute sa sévérité. Cette loi condamne à mort tout auteur d'un vol d'une somme déterminée ; sans demander que la mort soit appliquée dans ce cas, il faut cependant débarrasser la colonie de ces voleurs et les envoyer à la Guyane, où, d'après les rapports ministériels, ils font d'excellents agriculteurs. Ils s'améliorent, parce qu'ils ont quitté le milieu dans lequel ils vivaient, et ils ne pourraient plus y exercer impunément leur métier, tandis qu'en Cochinchine leur présence est un fléau.

Les Annamites redoutent extrêmement l'expatriation,

ce qui donnerait une crainte salutaire à ceux qui voudraient mal faire.

Cette application sévère de la loi ne suffirait pas encore pour ramener la sécurité, il faut encore user d'un moyen indispensable pour trouver les voleurs.

C'est d'assurer une forte prime à tout Asiatique qui découvrira et dénoncera un voleur, c'est la seule manière de découvrir les voleurs et le moyen le plus simple.

La sécurité pour ses biens est la chose la plus nécessaire.

Pénitencier de Poulo Condore.

La population de l'île de Poulo Condore se compose à peu près exclusivement de la garnison, du personnel de surveillance et des détenus.

Pour garder ces détenus il y avait autrefois un directeur, un secrétaire, un gardien-chef, un grand nombre de gardiens et la garnison.

Il semblait à tout le monde que ce nombreux personnel était au moins suffisant; mais dernièrement le gouverneur de la colonie a imaginé de placer à ce pénitencier une augmentation du personnel, un gouverneur particulier avec 18,000 francs de solde par an.

Quelles sont les fonctions de ce gouverneur qui n'a rien à gouverner, c'est ce que personne ne connaît, mais en tous cas, il est sûrement inutile. Il faut donc supprimer cet emploi.

Le territoire des îles de Poulo Condore est couvert de belles forêts inexploitées.

L'administration fait venir de la colonie anglaise de Singapour, les planches et chevrons qui lui sont nécessaires. Pourquoi n'établirait-elle pas au pénitencier une scierie dont le travail serait fait par les détenus, ce qui l'affranchirait du tribut qu'elle paie aux Anglais pour avoir ses bois débités?

En Cochinchine et dans toutes les îles voisines, il y a des forêts magnifiques et cependant toutes les planches viennent de l'étranger !

N'est-il pas bien maladroit de ne pas établir au moins une scierie dont le travail ne coûterait rien ? C'est donc d'un bon sens élémentaire que d'établir une scierie à vapeur au pénitencier de Poulo Condore, dont tous les travaux pour le fonctionnement seraient faits par les détenus.

Cette question de scierie à vapeur sera expliquée à la création de l'industrie que nous mentionnerons plus loin.

Personnel du Jardin botanique et de la Ferme des Mares.

Le Jardin botanique et la ferme des Mares contiennent quelques hectares de terre pour la culture desquelles on emploie un personnel dont la solde dépasse 50,000 francs par an.

C'est tout simplement ridicule d'employer tant de personnel de direction pour si peu de cultures.

La ferme des Mares devrait comprendre au moins cent hectares destinés à la production de plants de café et de cacao pour en fournir à toute la colonie.

La somme que l'on dépense pour le personnel actuel serait bien suffisante pour l'exploitation de cent hectares et du Jardin botanique. Cette réforme des plus importantes sera expliquée au chapitre des cultures.

CHAPITRE DU MATÉRIEL

Dépenses des travaux de constructions et de réparations.

Les dépenses pour les travaux de constructions et de réparations des bâtiments du service local qui sont en grande partie affectés aux logements des administrateurs s'élèvent à plus de quatre millions.

A l'établissement du budget, dans chaque inspection, l'administrateur demande à dépenser pour les travaux cinq fois plus que ne le permet le budget.

Quelques-uns de ces travaux sont utiles, mais presque tous sont complétement inutiles. Personne ne vient vérifier quelles sont les constructions ou réparations urgentes; l'administration à Saigon accorde au hasard une petite partie des dépenses qu'a demandées l'administrateur, et le plus souvent ces travaux accordés sont de la plus complète inutilité, tandis que ceux qui sont nécessaires ne sont pas autorisés.

Les administrateurs, dans leur demande annuelle, y mettent invariablement que tous les bâtiments sont en ruines ou en très-mauvais état, et la plupart de ces bâtiments comptent deux ou trois années d'existence.

La plus simple notion de bon sens trouverait cela ridicule et estimerait qu'il est indispensable, avant d'accorder un crédit, de vérifier si les constructions ou réparations sont nécessaires et bien telles qu'elles sont signalées, ce que l'esprit ne peut pas accepter pour des édifices en maçonnerie qui ont toujours moins de six années d'existence.

Dès l'instant qu'une maison est portée en ruine sur le papier, cela suffit à l'administration, elle n'en demande pas davantage. Elle fait raser cette maison, quoique n'ignorant pas qu'elle est neuve, et fait édifier une autre maison au goût de l'administrateur.

Dans les constructions, on emploie pour les charpentes des bois de Singapour de très-mauvaise qualité. Après quelques années, ces bois commencent à être attaqués par des fourmis blanches ou termites, et aussitôt l'administrateur signale que la maison est pourrie, en ruines et qu'il est absolument indispensable d'en édifier une autre, tandis qu'il n'y a que des bois à changer.

Ces administrateurs ont plusieurs raisons pour agir ainsi.

D'abord ils ne restent que peu de temps dans la même inspection.

Lorsqu'un nouvel administrateur arrive dans une inspection, il ne trouve presque jamais le logement construit selon son goût. Pour avoir un logement qui lui plaise, il signale celui qui existe comme étant en ruines, ou qu'il nécessite de très-grandes réparations, et comme personne ne va s'informer de la véracité de son rapport, qu'il est toujours cru, l'administration fait reconstruire ou changer la maison de l'administrateur selon les plans de ce dernier ; et lorsqu'il y arrive un nouvel administrateur, comme celui-ci ne goûte jamais les plans de son prédécesseur, les mêmes dépenses recommencent.

Dans les travaux de moindre importance, les administrateurs y ont un intérêt financier qui fait qu'ils demandent à faire le plus de travaux possible.

Généralement, ils passent des marchés de gré à gré avec des entrepreneurs chinois, qui savent reconnaître cette faveur, comprennent à demi-mot et puis sont très-discrets. On peut faire des affaires avec ces gens-là.

Ce n'est pas comme avec ces sots de Français qui racontent les arrangements secrets qu'ils ont passés pour des travaux qu'ils ont entrepris.

Avec les entrepreneurs chinois, presque jamais d'indiscrétion. C'est un plaisir à traiter avec ces gens-là. Avec eux, le devis des travaux, le certificat de réception, enfin toutes les conditions et charges des marchés n'existent que sur le papier ; mais puisque l'administration s'en contente, les administrateurs se gardent bien d'agir autrement. Quelle administration !

Un administrateur fait, dit-il, construire une maison pour huit mille francs. Le marché avec l'entrepreneur, les états de dépenses, le certificat de réception définitive sont en règle. La dépense est régulièrement faite ; il n'y a qu'une chose qui manque, c'est la maison qui n'existe pas et n'a pas été commencée.

Un autre administrateur signale un pont comme pourri et en fait construire un nouveau. L'ancien pont était tellement peu pourri que les piliers qui étaient en bois de fer et qu'on a employés aux constructions, étaient devenus presque impossibles à équarrir par suite de leur dureté. Ce bois se durcit dans l'eau et est presque incorruptible.

Un autre signale les bureaux comme complétement

pourris, en ruines et inondés par les gouttières. Ces bureaux étaient en maçonnerie et en parfait état de conservation et nous n'avons jamais vu une seule gouttière ; cependant on les a abattus et l'administrateur en a fait construire d'autres.

Nous citons ces exemples entre mille, c'est partout la même chose.

Dans les travaux en régie, c'est pis encore. Ces travaux coûtent toujours le double de ce qu'aurait demandé l'adjudication.

Là, mieux encore qu'avec les entrepreneurs chinois, les administrateurs font leurs affaires. Ils portent en dépenses les quantités de matériaux et le nombre d'ouvriers qu'il leur convient, personne ne s'en occupe. Ces états de dépenses sont quelquefois signés par des témoins, mais ces témoins n'ont pas vu le paiement, ils ne s'en occupent pas. On leur dit de signer et ils obéissent. C'est une simple formalité

L'administration paye au moins 0 fr. 50 par jour aux ouvriers qui font les travaux de régie, mais quand cet argent a passé par les mains des administrateurs et des autorités indigènes, il ne reste presque plus rien aux malheureux ouvriers. Aussi les travaux exécutés par voie de régie sont-ils une lourde charge pour la population.

Tous les travaux, même ceux de canalisation, de routes, peuvent se faire par adjudication à des prix inférieurs à ceux de régie. Les Chinois riches ne demandent qu'à entreprendre ces travaux. Ils feraient venir de Chine un grand nombre de travailleurs qu'ils paieraient à bas prix, et trouveraient un bénéfice suffisant, tout en faisant bénéficier le budget de la colonie, et déchargeraient la population pauvre de la pénible obligation de travailler pour rien.

Avec la régie actuelle, tous les impotents et les enfants sont employés aux travaux pour compléter le nombre d'ouvriers exigés et leur travail est presque nul. Les hommes valides même travaillent peu parce qu'ils ne sont pour ainsi dire pas payés et qu'ils ne sont pas sérieusement surveillés.

Aussi faut-il un nombre très-considérable de journées d'ouvriers indigènes pour faire un travail en régie et les administrateurs préfèrent-ils employer ce moyen pour exécuter les travaux de leur inspection.

Pour remédier à cet état de choses et faire cesser le gaspillage des revenus de la colonie, il faut enlever aux administrateurs le droit de proposer les constructions à édifier dans leur arrondissement.

Ce droit devrait appartenir à une commission composée d'un architecte, d'un conducteur des ponts et chaussées et d'un fonctionnaire qui ne soit pas administrateur, afin qu'elle puisse juger sans parti pris quelles sont les dépenses qui sont nécessaires.

Cette commission ainsi compétente passerait annuellement dans toutes les inspections et constaterait quels sont les travaux qui sont nécessaires en indiquant la valeur approximative de ces travaux, et l'administration autoriserait dans les ressources du budget ceux qui seraient le plus indispensables.

L'adjudication devrait être publique et la même commission repasserait ensuite dans toutes les inspections pour recevoir les travaux lorsqu'ils seraient terminés. Voilà, croyons-nous, le seul moyen de faire cesser le gaspillage des revenus de la colonie.

L'administration devrait exiger que, dans les constructions, tous les bois employés proviennent de la Cochinchine qui en fournit d'excellente qualité, et défendre expressément qu'il soit employé des bois étrangers qui sont très-mauvais, pourrissent au bout de peu de temps et obligent à faire constamment de grandes réparations aux constructions. L'administration n'a à faire, pour cela, qu'à imposer d'un fort droit tous les bois importés, n'en exiger aucun sur ceux de la colonie et établir une grande scierie à vapeur.

Les logements construits en bois dits de fer de la colonie seraient plus salubres et auraient une durée double des maisons construites en briques. Dans les colonies anglaises, presque tous les logements des fonctionnaires sont construits en planches de première qualité, et pour la commodité et le confort, on peut s'en rapporter à eux et les imiter.

Il est facile de dépenser deux millions en moins pour les constructions qu'actuellement. Il y aurait encore plus de travaux utiles de faits et on ne ferait aucune démolition inutile.

Mais, pour une semblable réforme, il faut un directeur de l'intérieur compétent qui contrôle sévèrement les administrateurs, et ne se laisse pas ébranler par l'opposition qu'ils ne manqueront pas de lui faire. Il n'y a pas encore eu de véritable directeur en Cochinchine.

Matériel.

Dans une administration où il y a tant de laisser-aller, où les administrateurs agissent à tort et à travers sans être mieux ou plus mal notés, il est évident que l'emploi du matériel n'est pas contrôlé et n'a pas sa destination officielle.

L'administration centrale avait reconnu que ce matériel envoyé dans les inspections était au pillage. Pour arrêter ce pillage, elle a imaginé de faire fournir tous les mois un inventaire général du matériel et du mobilier des inspections. Comme les administrateurs ne sont pas contrôlés, ils envoient un inventaire qui n'existe que sur le papier, jamais on ne fait d'inventaire effectif, et ils donnent un motif quelconque aux dépenses ; ils sont toujours crus.

L'ameublement qui est envoyé aux administrateurs sert généralement à tous leurs domestiques qui n'en prennent aucun soin. La literie est pourrie au bout de peu de temps et une partie du mobilier est perdue. On attribue cette perte à une cause quelconque, on change le mobilier cassé ou pourri, et tout est dit.

Le matériel est gaspillé et a souvent un tout autre emploi que celui de l'administration. Toute la domesticité et les officieux des administrateurs y puisent sans que le secrétaire comptable, qui en est officiellement responsable, ait le droit de s'y opposer.

Il n'y a pas de reproches à faire aux administrateurs,

ils font ce que d'autres feraient à leur place, on ne les contrôle en rien, on les laisse faire.

Pour remédier à ces abus, à ces folles dépenses, il faut donner en argent une indemnité d'ameublement aux administrateurs, ou leur donner une première mise une fois payée, pour se meubler. On pourrait leur donner douze cents francs, par exemple, de première mise, ils se meubleraient à leurs frais et l'administration ne leur donnerait plus rien dans la suite pour leur ameublement. De cette façon les administrateurs ne perdraient rien, parce qu'ils veilleraient à la conservation de leur mobilier, et l'administration pourrait réduire des deux tiers les dépenses affectées à l'ameublement.

Pour le reste du matériel, il ne faut envoyer aux administrateurs que des instruments qui sont nécessaires et ne jamais leur envoyer de matières consommables, parce que ces matières ne sont pas souvent employées pour le service de l'administration.

Il est facile d'envoyer quelques ouvriers indigènes qui visiteraient constamment les inspections sous la conduite d'un Français et feraient toutes les réparations qui sont nécessaires.

Les dépenses affectées au mobilier et au matériel des inspections peuvent être réduites de plus de la moitié. C'est une importante réforme économique à opérer.

Canots à vapeur.

Les administrateurs, tout-puissants en Cochinchine et

maîtres du budget, ont trouvé qu'il leur fallait un canot à vapeur dans chaque arrondissement pour le visiter.

Ces administrateurs avaient déjà de très-jolies barques, qui étaient bien suffisantes, pour toutes les tournées ou promenades qu'il leur plaisait de faire.

Si l'administration avait pu être trompée sur la véritable destination de ces canots, elle aurait été détrompée aussitôt que les administrateurs en ont été mis en possession. Ces messieurs se sont mis alors à se rendre mutuellement des visites et des dîners, et les portent comme tournées.

Le gouverneur avisé de cela, leur a bien commandé de ne se servir de ces canots à vapeur que pour le service de l'administration ; mais il en a été de cet ordre comme de tous les arrêtés et circulaires, il n'a pas été exécuté autrement que sur le papier. Les administrateurs continuent à se rendre visite et les portent comme tournées, ou bien ils ne sortent pas de chez eux et écrivent, quand même, qu'ils ont fait des tournées.

Pour qui connaît la Cochinchine, les canots à vapeur et les tournées des administrateurs sont complétement inutiles. L'administrateur qui veut visiter son arrondissesement, part à toute vitesse dans son canot, il arrive dans un village, voit le maire et lui demande ce qu'il y a de nouveau dans son village. Invariablement le maire fait des génuflexions et répond qu'il n'y a rien de nouveau, que tout est tranquille. Qu'il y ait quelque chose à signaler ou qu'il n'y ait rien, la réponse est toujours la même.

Les notabilités du village, par une crainte instinctive de l'autorité, cachent toujours ce qu'ils savent à l'administrateur qui ne fait que passer chez eux : ils craignent qu'il ne leur arrive quelque désagrément. Ils n'ont pas tout à fait tort, parce que, s'ils apprenaient quelque chose aux administrateurs, les préfets indigènes et les interprètes ne les laisseraient quittes que moyennant finance et beaucoup d'ennui.

Après avoir reçu la réponse que tout est tranquille, l'administrateur repart à toute vitesse dans un autre village où il reçoit exactement la même réponse et ainsi de suite. Il est de cette façon bien renseigné !

Sans doute l'administration doit connaître l'esprit des populations et ce qui s'y passe, mais ce n'est pas de cette manière inutile et coûteuse qu'elle doit s'informer. Les administrateurs seront toujours trompés, parce qu'ils sont trop redoutés des indigènes et parce qu'ils sont entourés d'interpretes qui ont intérêt à les tromper ; puis, ce n'est pas en passant à toute vapeur dans une contrée qu'on apprend ce qui s'y fait.

Pour être bien renseigné sur la population et connaître tous les faits intéressants, il faudrait avoir des Français qui soient constamment au milieu des indigènes, qu'ils ne soient pas de trop grande autorité pour effrayer ces derniers. Ces Français, connaissant parfaitement la langue annamite, apprendraient, par les conversations de tous, ce qui se passe dans le pays en même temps qu'ils auraient d'importantes fonctions que nous allons signaler.

Voilà une bonne manière d'être renseigné exactement et économiquement. Mais avec les canots à vapeur des administrateurs, on dépense beaucoup et on n'apprend rien.

Le soin de renseigner l'administration devrait être confié à des contrôleurs français qui n'auraient aucune autorité sur les indigènes, mais qui seraient chargés d'arrêter les très-nombreux Chinois qui ne paient pas la capitation, de vérifier les patentes, et de contrôler les cultures de café dont nous parlerons plus loin. Ces contrôleurs seraient astreints à ne pas séjourner dans les chefs-lieux d'inspection au milieu des Français, afin qu'étant toujours avec les indigènes, ils connaissent mieux leur langue et leurs mœurs. Nous nous étendrons plus loin sur la position de ces contrôleurs.

Les canots à vapeur des administrateurs sont donc complétement inutiles. Ils ne servent qu'à des parties de chasse et des visites qu'on décore du nom de tournées dans les rapports mensuels. Il serait urgent de les leur retirer.

Chaque canot à vapeur coûte environ six mille francs par an pour la solde du personnel, l'achat du combustible, des matières grasses, pour l'entretien et les réparations. On peut en retirer au moins quinze, ce qui ferait une économie de près de cent mille francs qui n'est pas à dédaigner pour le budget de la Cochinchine, et l'administration serait bien mieux renseignée, surtout sur les abus des autorités indigènes, par les contrôleurs français.

Mais il faut, pour opérer cette réforme, une volonté bien arrêtée du directeur de l'intérieur, parce qu'il aura contre lui tous les administrateurs qui, par cette institution de contrôleurs, sentiront leur omnipotence et leur impunité menacées, en même temps qu'il leur sera désagréable de se voir ôter les canots qui ne sont destinés qu'à leurs plaisirs.

Cependant avec de la volonté, cette réforme est facile à faire.

Revenus.

Impôt foncier.

Le total des revenus de l'impôt foncier est à peu près ce qu'il doit être relativement aux terres mises en cultures, mais il est très-mal réparti.

L'impôt sur les rizières est de 9 fr. 80 par hectare, chiffre beaucoup trop élevé ; mais les indigènes, du consentement tacite de l'administration, ne déclarent qu'une partie des terres cultivées, ce qui rétablit à peu près l'impôt à un chiffre modéré.

Ce système est tout à fait mauvais. D'abord l'impôt n'est pas égal pour tous les villages, parce que ces villages déclarent plus ou moins de terres cultivées, selon qu'ils craignent soit l'administrateur, soit l'animosité des autorités indigènes et des interprètes. Ensuite par ce système, les petits propriétaires paient un impôt excessif, et les notables, qui sont riches propriétaires, ne paient presque rien.

Le conseil des notables dans chaque village fait recueillir les impôts par le maire qui vient ensuite les verser en bloc à l'administration. Ce maire, en vertu des ordres des notables, fait payer intégralement à tous les petits propriétaires l'impôt de 9 fr. 80 par hectare. Comme le village n'a déclaré que la plus petite partie de ses rizières, il s'ensuit que lorsque tous les petits propriétaires ont payé l'impôt de 9 fr. 80 par hectare, les notables n'ont plus rien à payer, parce que l'impôt est couvert par les petits propriétaires. Ce sont les riches, les notables qui bénéficient seuls de la diminution de l'impôt par la réduction des terres déclarées.

Si les petits propriétaires veulent se régimber contre cette inégalité, les notables leur montrent le tarif de l'impôt et les font condamner.

L'impôt sur les cultures diverses, autres que les rizières, est encore plus mal réparti. Ces cultures comprennent les jardins et les riches plantations. Elles sont divisées en quatre classes ; naturellement les villages déclarent ces cultures aux plus basses classes possibles et personne ne contrôle leurs déclarations, ce qui fait que l'impôt de ces cultures est bien au-dessous de celui des rizières. Le contraire devrait avoir lieu, parce que les jardins et les cultures spéciales sont d'un plus grand rapport que les rizières.

Les villages n'en déclarent non plus qu'une partie, ce qui fait que, comme pour les rizières, ce sont les pauvres qui paient la plus grande partie de l'impôt. Les notables exploitent encore les petits propriétaires en leur faisant payer leurs cultures spéciales à la classe la plus élevée, tandis qu'ils ne les déclarent à l'administration qu'à la dernière classe.

Comme le rôle d'impôt foncier ne comprend qu'en bloc les cultures diverses d'un village, il est bien difficile de contrôler et de réprimer ces abus.

Pour ramener l'impôt à une juste égalité, il suffit, un peu avant la récolte, de mesurer à la chaîne la surface approximative des rizières ensemencées de chaque village. Cela est bien facile à faire dans chaque inspection, il n'y a pas besoin de géomètre pour cela, il suffit de connaître en bloc la contenance des terres cultivées d'un village, c'est le conseil du village qui détermine les parcelles de terrain de chaque propriétaire. Ensuite réduire l'impôt par hectar, de manière que le nombre d'hectares de terres ainsi augmenté, ne produise pas plus d'impôts que antérieurement.

Pour les cultures diverses, il faut faire la même opération et ramener ces cultures à deux classes seulement afin d'empêcher l'exploitation des petits propriétaires par les notables.

Cette réforme est très-importante pour deux causes.

D'abord pour faire cesser l'inégalité de la répartition de l'impôt, ensuite pour connaître la surface des terres cultivées.

Actuellement on ne connaît pas même approximativement le nombre d'hectares des terres cultivées. Les chiffres donnés par l'administration sont fantaisistes et inégalement faux.

Certains villages ne déclarent que le cinquième des terres qu'ils cultivent, d'autres villages en déclarent plus de la moitié, et, au milieu de cette confusion, il est impossible de se faire une idée de la vérité.

Il est donc urgent de réformer l'impôt foncier.

Cote personnelle des Chinois immigrants.

La cote personnelle des Chinois établis en Cochinchine est de 25 fr. pour la 3ᵉ classe, 100 fr. pour la 2ᵉ classe, et 300 fr. pour la 1ʳᵉ classe. Presque tous les Chinois sont classés dans la 3ᵉ classe, c'est-à-dire ne paient que 25 fr.

Cette capitation remplace à peu près tous les autres impôts et ils ne sont astreints à aucun service, aucune corvée de village.

Cet impôt n'est pas trop élevé si on remarque que les Chinois sont exempts de toute sujétion, tandis que les indigènes, outre les impôts de toute nature qu'ils paient à l'administration, tels que l'impôt personnel, l'impôt des soldats, etc., sont en outre astreints à servir dans la milice. Ils supportent toutes les dépenses du village, font les corvées des routes, paient le maire et les petites autorités, etc.

En réalité les Chinois, tout en payant 25 fr. par an, sont donc favorisés par rapport aux indigènes.

Il y a en Cochinchine au moins cent mille Chinois immigrants. Sur ce nombre, un tiers à peine paie la cote personnelle, le deux autres tiers, par la connivence occulte des principales autorités, échappent à la capitation.

Sans doute il serait facile de faire payer tous ces Chinois, que détiennent presque toutes les richesses de la colonie ; mais leurs chefs de congrégations sont si accommodants, ils savent si bien reconnaître l'indulgence qu'on a pour le paiement de la capitation, que les administrateurs et autres ferment les yeux sur le recouvrement de l'impôt.

Cependant pour cacher cette indulgence intéressée, l'administration a employé un moyen bizarre pour faire du contrôle superficiel. Elle fait faire pour ces Chinois des écritures tellement minutieuses, tellement compliquées, qu'il serait trop long de les rapporter. C'est de la chinoiserie bysantine. Naturellement les Chinois laissent paperasser l'administration et ne paient pas.

Une des causes qui contribuent le plus à l'exemption de l'impôt, c'est l'établissement des chefs de congrégations.

Si les Chinois étaient placés dans le droit commun, c'est-à-dire sous l'autorité des maires, il leur serait difficile d'échapper à l'impôt, parce qu'étant peu nombreux dans chaque village, ils seraient parfaitement connus du maire.

Mais par cette dissémination de l'autorité, il ne serait pas possible de fraterniser financièrement avec tous les maires parce qu'ils sont trop nombreux ; il serait difficile de s'arranger avec tant de monde sans que le bruit des transactions devînt public ; les indigènes sont trop bavards. Mais avec les chefs de congrégations, rien de cela n'est à craindre, parce que les Chinois sont très-discrets et, dans une inspection, il n'y a qu'un ou deux chefs de congrégations avec lesquels il est toujours facile de s'entendre.

L'administration a ordonné que les chefs de congrégations seraient responsables du paiement de l'impôt des Chinois de leur congrégation ; mais cet ordre a eu le sort de tous les autres, il n'existe que sur le papier. D'ailleurs il est absolument inexécutable.

L'étendue d'une inspection est quelquefois de cent kilomètres, et il n'y a qu'un chef pour tous les Chinois d'une même congrégation disséminés sur toute cette étendue. Ce chef de congrégation ne connaît pas tous les Chinois de sa congrégation, ni tous les endroits qu'ils habitent; comment pourrait-il être responsable du paiement de leur impôt de capitation !

Sans doute il connaît approximativement le nombre de ses Chinois, mais non pas exactement, et si on voulait le rendre responsable de l'impôt d'un Chinois qui n'aurait pas payé, il pourrait alléguer avec l'apparence de la vérité, qu'il ne connaissait pas ce Chinois, ou qu'il ne savait pas où il habite, ou qu'il n'avait aucun moyen de l'arrêter.

Cet établissement de chefs de congrégation ne peut s'expliquer que par l'intérêt qu'y ont les administrateurs.

Les Chinois avec des chefs si éloignés et sans autorité, sont à vrai dire complétement indépendants de toute autorité ; personne ne peut les surveiller directement, car ils dénient énergiquement aux maires le droit de les punir ou de les contrôler. D'ailleurs leur association en congrégations les rend puissants et redoutables aux maires qui craignent leur vengeance en cas de punition des méfaits de quelques-uns d'entre eux.

L'indulgence intéressée des administrateurs est des plus funestes.

Loin d'être un élément de prospérité pour la colonie, les Chinois y sont au contraire une cause de pauvreté. Ils ne cultivent pas les terres et ne s'enrichissent que par l'usure et la violence en interdisant le commerce à tout autre qu'eux par la crainte qu'ils inspirent. Dans tous les actes de piraterie, de vols à main armée, il y a toujours des Chinois.

Pour faire rentrer l'impôt et placer tous ces Chinois sous les même lois, les mêmes autorités que les indigènes, c'est-à-dire dans le droit commun, il faut d'abord supprimer l'emploi de chef de congrégation, et placer les Chinois sous l'autorité des maires des villages où ils habitent, en ayant les mêmes droits et la même soumission que les autres habitants. Les maires seraient chargés de recouvrer les impôts auxquels ces Chinois sont assujettis comme pour leurs autres subordonnés, et avoir les même droits coercitifs sur ces Chinois que sur les autres habitants.

Ensuite, il faut de toute nécessité établir des contrôleurs français.

Même sous l'autorité des maires, les Chinois échapperaient encore en partie à l'impôt de capitation, par la crainte qu'ils inspirent, ou en donnant une rétribution aux maires, ou aussi parce qu'un grand nombre d'entre eux sont ouvriers nomades ou bateliers et n'ont pas de résidence fixe.

Si, comme contrôleurs, on nommait des indigènes, ces derniers dont la vénalité est extrême, s'entendraient avec les Chinois, feraient de l'arbitraire et vexeraient les populations. D'ailleurs ils auraient des rixes avec les Chinois qui ne se laisseraient pas arrêter sans résistance.

Il faut aussi remarquer que les administrateurs s'opposeront, autant qu'il leur sera possible, à une réforme de ce genre qui leur enlèverait des avantages financiers, et que des indigènes comme contrôleurs seraient nuls, dans la crainte de leur déplaire.

Il est donc indispensable d'établir des contrôleurs français.

Ces contrôleurs devraient être logés dans de larges bateaux plats, ayant un faible tirant d'eau, qui pourraient aller partout. Dans chaque bateau il y aurait trois logements: une chambre à coucher et un petite salle à manger pour le contrôleur, ensuite une chambre pour les miliciens rameurs au nombre de dix environ. Chaque bateau ainsi équipé aurait à la remorque une petite jonque pour servir dans les cas où il foudrait marcher vite pour ratrapper des fuyards ou pour d'autres circonstances. Ces contrôleurs devraient aller très-lentement de village en village afin de reconnaitre toutes les habitations, et s'assurer que tous les

Chinois ont payé l'impôt, surtout ceux qui sont bateliers, et de vérifier les patentes et les cultures de café comme nous l'indiquerons dans les chapitres suivants.

Ils ne devraient s'immiscer dans aucune affaire ou contestation, mais ils devraient arrêter les malfaiteurs. Ces contrôleurs feraient plus pour la police et la sécurité du pays que tous les canots et les canonnières actuelles ensemble.

Le revenu de l'impôt de la capitation des Chinois est de un million; en réformant le contrôle comme nous venons de l'indiquer, ce revenu pourrait être d'au moins deux millions.

Mais il faut que le Ministre envoie en Cochinchine un véritable directeur de l'Intérieur.

Impôt des Patentes.

L'impôt des patentes est tout à fait arbitraire. Tel négociant paie 200 francs de patente, tandis qu'un autre plus important ne paie que 12 fr. 50 c.

Les patentes sont aussi trop divisées. Il y a huit classes de patentes dont la dernière n'est que de 12 fr. 50. Cette grande division et l'abaissement du prix de la patente de 8e classe produisent de mauvais résultats. Il y a peu de contrée où la proportion des marchands soit aussi élevée qu'en Cochinchine. Un grand nombre d'individus préfèrent ne gagner dans le commerce que le strict nécessaire pour vivre, que de gagner plus en travaillant. Ces gens-là sont couchés toute la journée, tandis que leurs femmes vendent quelque peu de marchandises, juste à peine de quoi les nourrir. Si le prix de la dernière classe des patentes était plus élevé, ces individus seraient obligés de travailler et seraient utiles, tandis que, actuellement, ils ne comptent pas dans ceux qui concourrent à la production, c'est-à-dire à la prospérité de la colonie où les bras manquent.

Toutes les patentes des Français sont au moins de 100 fr., celles des Chinois qui sont bien plus grands commerçants, ne sont, en grande majorité, que de 25 fr. et 12 fr. 50 c.

Ainsi, où un Français paiera 100 fr. pour un certain commerce, de riz, par exemple, son voisin le Chinois qui fera le double du même commerce que lui, ne paiera que 12 fr. 50 c. Cette injustice porte un grand tort aux Français.

L'administration de la colonie tient essentiellement à ce qu'il y ait le moins possible de commerçants français, parce que ces derniers sont dangereux pour la longévité du système actuel d'administration, tandis que les premiers ne sont pas à craindre.

Pour répartir, avec justice et égalité pour tous, l'impôt des patentes, il faut que le soin de la répartition soit confié aux contrôleurs que nous avons désignés dans les chapitres précédents et surveillés par les administeurs qui, n'aimant pas les contrôleurs, les empêcheront de se laisser gagner. Ensuite il faut que la dernière classe des patentes soit assez élevée pour qu'une quantité de fainéants, de petits marchands quittent le commerce et se livrent à l'agriculture. Ce nombre excessif de petits marchands ne fait pas prospérer le commerce ; au contraire la consommation est moindre parce qu'ils ne font rien, ne produisent rien.

Telle est la réforme qu'il y a lieu d'opérer sur les patentes.

Forêts. Droits sur les bois.

En Cochinchine on ne suit jamais les règles du bon sens. Il semble que l'administration cherche à arrêter toute industrie de la colonie.

Ainsi les bois étrangers ne paient aucun droit, tandis que ceux de la colonie sont frappés de droits énormes.

Il s'ensuit naturellement de cette singulière anomalie, que la Cochinchine fait venir de l'étranger tous les bois transportables qui lui sont nécessaires et qu'elle laisse inexploitée la plus grande partie de ses forêts.

Si la colonie n'avait pas assez de forêts pour ses besoins, on comprendrait que l'administration en entravât l'exploitation pour les conserver; mais en Cochinchine et au Cambodge, il y a plus de forêts qu'on n'en peut exploiter. Ces forêts pourraient subvenir au double des besoins de la colonie. Cette mesure d'imposer de droits énormes les bois de la colonie et de laisser entrer en franchise les bois étrangers est donc insensée.

Les bois de la colonie sont d'essence supérieure et presque incorruptibles et d'une durée triple au moins des bois étrangers qui sont pourris après quelques années.

L'administration a un intérêt immense à ce que les bois employés dans ses constructions soient de provenance de la colonie. Si les bois de la colonie étaient francs de droits, ils coûteraient bien moins cher que les bois façonnés étrangers, tout en ayant une durée plus longue, ce qui constituerait une grande économie pour l'administration, et il s'établirait dans la colonie des scieries mécaniques qui prospéreraient et la feraient bénéficier de l'argent qu'elle paie à l'étranger pour les bois importés.

Actuellement, les scieries n'ont pas de raison d'être, parce qu'il n'y a qu'à perdre en débitant des bois qui sont imposés de droits excessifs, quand on peut s'en procurer de l'étranger qui entrent en franchise.

Au point de vue du budget, la colonie gagne peu de chose à l'impôt sur les bois. Les revenus provenant de ces droits ne s'élèvent pas à cent mille francs. La moitié des bois produisant ces revenus sont employés aux constructions de l'administration qui les achète, naturellement les droits en plus.

En réalité, elle n'en retire que cinquante mille francs et encore elle est obligée d'employer le double de gardes qu'il faudrait, pour s'assurer seulement qu'on ne détruit pas les forêts, en les incendiant, ou en coupant les jeunes arbres.

Déduction faite du traitement des employés qu'elle est obligée d'employer en surplus, l'administration n'augmente donc pas les ressources du budget de la colonie.

Il est de toute urgence de supprimer les droits sur les bois de la colonie, et de donner des ordres sévères aux gardes pour arrêter ceux qui incendient les forêts, ce qui n'est pas bien difficile, puisque ces derniers sèment du riz dans les endroits incendiés, et de punir sévèrement les incendiaires.

Mais il ne faut pas se contenter d'édicter ces réformes sur le papier, il faut les faire exécuter d'une façon effective, et tant qu'il n'y aura pas de véritable directeur de l'intérieur, les ordres ou arrêtés seront fictifs, et ne seront jamais strictement exécutés.

De la Douane.

Dans les pays d'Europe où l'industrie est supérieure à la moyenne des industries étrangères, tels que l'Angleterre, il est naturel de croire que le libre échange est le système le plus profitable, parce que, si on frappait de droits d'entrée les produits étrangers, les autres pays rendraient la réciprocité et, en définitive, la première contrée où l'industrie est plus avancée, y perdrait beaucoup plus qu'elle n'y gagnerait.

Mais en Cochinchine, où l'industrie est nulle, où presque tous les objets manufacturés viennent de l'étranger, où on peut établir tels droits qu'il plaît, sans aucune crainte de voir les colonies voisines élever des droits compensateurs, c'est folie de ne pas protéger l'industrie indigène et augmenter les revenus du budget, en imposant de forts droits d'entrée les produits étrangers qui sont tous des objets manufacturés.

Toutes les colonies de l'Europe ont le droit d'établir respectivement sans être liés à la métropole, tels droits compensateurs qu'il leur plaît. Chacune de ces colonies ne consulte que son intérêt. Ainsi les colonies anglaises d'Australie, de l'Inde, du Cap, etc., les colonies hollandaises de la Malaisie et d'ailleurs, établissent de forts droits protecteurs très-différents entre elles.

Les produits étrangers étant ainsi frappés d'ostracisme, l'industrie de ces colonies s'est établie par la nécessité. Tous les États florissants d'Amérique ont aussi agi de cette manière. Si toutes ces contrées hors d'Europe avaient laissé sans droits et libre l'introduction des produits étrangers manufacturés, jamais leur industrie n'aurait pu progresser, parce que la concurrence étrangère aurait pu fournir ses produits à des prix plus bas que l'industrie indigène dans l'enfance qui, par la difficulté, même l'impossibilité d'égaliser ses rivales étrangères, n'aurait pu prospérer.

Est-ce qu'on pourrait prétendre que les pays florissants que nous venons de citer ne connaissent pas leurs intérêts? Est-ce que les Anglais et les Hollandais ne savent pas aussi bien coloniser que nous? Est-ce que l'état d'infériorité de nos colonies vis-à-vis de leurs riches possessions, n'est pas là pour démontrer le contraire? Est-ce que la prospérité de nos anciennes colonies qui sont passées aux mains des Anglais, telles que l'île de France et d'autres, n'est pas là pour attester aussi que les Anglais font mieux que nous? Pourquoi donc faire le contraire d'eux et ne pas suivre leur exemple?

Dans les Indes néerlandaises, tous les produits manufacturés qui ne proviennent pas de la Hollande sont frappés de droits énormes. Aussi tous les objets manufacturés employés dans ces colonies sont-ils de fabrication indigène ou sont fournis par la métropole.

Pourquoi ne ferait-on pas de même en Cochinchine qui ressemble beaucoup à toutes les îles de la Sonde ?

Si la France pouvait établir des droits sur les objets de provenance étrangère sans que les pays qui les fournissent modifiassent leurs tarifs douaniers vis-à-vis des produits français, il est évident que nous ne laisserions entrer en France que des matières premières que nous ne pouvons pas produire. Eh bien, la Cochinchine est dans ce cas. Qu'elle établisse de forts droits protecteurs, ou qu'elle laisse tout entrer en franchise, les colonies étrangères voisines n'en modifieront pas plus leurs droits d'importation déjà fortement protecteurs.

Par une absurdité naturelle à la Cochinchine, l'administration de la colonie a imposé seuls d'un droit d'entrée énorme, tous les alcools importés en Cochinchine, toutes les autres marchandises ne paient aucun droit. Or, tous ces alcools proviennent de France, ce qui fait qu'il n'y a qu'un produit français, le plus important pour nos commerçants, qui paie des droits d'entrée. N'est-ce pas absurde ?

Ce revenu coûte presque autant qu'il rapporte au budget ; on n'a réussi qu'à faire diminuer l'importation des alcools français et à porter préjudice à nos nationaux commerçants, mais c'est là le but qu'a cherché l'administration de la colonie. Il faut empêcher, autant que possible, l'introduction des marchandises et du commerce français dans la colonie, parce qu'ils amèneraient une population française qui serait un contrôle et une gêne pour l'administration.

L'établissement d'une douane serait d'une importance capitale pour l'établissement de l'industrie de la colonie, pour la prospérité de nos commerçants, en même temps qu'elle fournirait un grand débouché aux produits de la France.

Mais actuellement l'industrie de la colonie est nulle, le commerce français très-restreint est en souffrance et la France n'envoie que peu de ses produits, qui d'ailleurs ne sont pas consommés par les indigènes, qui n'emploient que des objets anglais ou chinois.

Tant qu'il y aura en Cochinchine l'administration actuelle, les choses resteront dans l'état où elles sont, parce que cette administration est inepte et se croit intéressée empêcher l'introduction du commerce et des industriels français.

Il faut de toute nécessité réformer l'administration.

Résumé des Recettes et des Dépenses.

Les revenus de notre colonie de Cochinchine s'élèvent à environ quinze millions. Par le contrôle exact du payement de la capitation des Chinois, on peut l'augmenter d'au moins un million. A cela il faut ajouter le produit des droits de douane qui fournirait encore plus d'un demi-million.

Le total des recettes du budget de la colonie s'élèverait donc au moins à seize millions et demi.

En 1871, le chapitre des dépenses du personnel était de quatre millions six cents mille francs. Tout en tenant compte de l'augmentation de la solde, on peut facilement payer toutes les dépenses du personnel avec cette somme parce que, en 1871, il y avait déjà de grandes réductions à faire.

En opérant toutes les réformes que nous avons signalées précédemment, les dépenses du personnel seraient au-dessous de celles de 1871 ; en prenant le chiffre de l'exercice de cette dernière année, nous portons les dépenses du personnel au maximum

En 1871, les dépenses du matériel étaient de trois millions deux cent cinquante mille francs, mais déjà à cette époque comme maintenant, les réformes étaient proportionnellement les mêmes à opérer. On gaspillait moins d'argent parce que les revenus de la colonie étaient plus faibles que ceux d'aujourd'hui, mais les vices étaient les mêmes.

Actuellement, si on veut contrôler sévèrement les dépenses du matériel, qu'on ne fasse que les travaux nécessaires et aucune démolition inutile, c'est-à-dire qu'on administre la colonie comme nous l'avons indiqué, deux millions et demi sont bien suffisants pour toutes les dépenses de construction et du matériel.

Les dépenses du personnel pouvant être réduites à quatre millions et demi, celles du matériel à deux millions et demi, le total des dépenses serait donc de sept millions. Ajoutons trois millions de subvention au gouvernement et à divers, nous arrivons au chiffre total de dix millions de francs de dépense, soit un million de dépenses de plus qu'en 1871, ce qui est un chiffre bien suffisant.

Nous avons dit que le budget des recettes pouvait être porté à seize millions et demi, le budget des dépenses étant de dix millions, il y aurait un excédant de recettes de plus de six millions dont nons allons expliquer l'emploi dans les chapitres suivants.

Mais, nous le répétons, rien de pratique ne saurait être fait sans mettre à la tête de l'administration un directeur capable, qui connaisse la colonie, et résolu à appliquer inflexiblement les réformes que nous avons signalées, sinon, il n'y aura rien de fait ; toutes les réformes édictées seront fictives et ne seront pas exécutées.

Emploi de l'excédant des Recettes.

Agriculture.— Plantations de café.— Cultures diverses.

La plus grande richesse actuelle des colonies intertropicales consiste dans la culture du café. Pour donner une idée de cette richesse, nous citerons qu'un hectare de terre planté en café donne un produit annuel d'une valeur de deux mille francs en moyenne. Aucune autre culture ne peut égaler le revenu du café, qui n'exige d'ailleurs aucune préparation industrielle pour être vendable.

Le café pousse très-bien en Cochinchine, et est d'une qualité supérieure; cependant on en cultive très-peu, quoique cette culture soit une condition essentielle de prospérité.

On a fait quelques essais de cette culture qui ont très-bien réussi; d'autres n'ont pas réussi, et on n'a pas su tirer de cette expérience le profit qu'on devait en faire.

Le café ne vient bien en Cochinchine que dans les terrains gras et d'alluvions qui composent la plus grande partie du sol; dans les terrains sablonneux ou argilo-ferrugineux il y meurt après quelques années. On doit donc le planter dans les premiers terrains.

L'administration paraît avoir senti toute l'importance de la culture du café, mais hélas! elle a opéré de façon à ne pas réussir. Elle a envoyé des graines de café pour les semer dans toutes les inspections. Cela n'était pas du goût des administrateurs qui redoutaient de voir venir les négociants français avec la culture du café. Aussi ont-ils fait avorter cet essai : ils ont fait semer ce café à travers champs et, comme on n'en prenait aucun soin, il n'a pas réussi. Il était impossible qu'il en fût autrement. Ensuite, ces administrateurs ont adressé de magnifiques rapports au gouverneur dans lesquels ils démontraient que, malgré tous les soins qu'ils avaient fait donner aux semis de café, ils n'avaient pas réussi. Comme il suffit en Cochinchine de faire de beaux rapports, on les a crus, et puis tout a été dit : la culture du café a été renvoyée aux calendes grecques. Un seul administrateur a voulu faire cultiver le café et il a réussi. Cet exemple aurait pu ouvrir les yeux à l'administration, mais la tête est complice des administrateurs, tous redoutent de voir les Français commerçants s'établir dans la colonie.

Dans certaines inspections, les semences de café ont eu

une destination plus utile, elles ont servi à faire une excellente boisson. Voilà où on en est arrivé en Cochinchine.

Ce qu'il est pratique de faire, ce n'est pas d'encourager outre mesure les planteurs européens, mais de rendre obligatoire la culture du café par les iudigènes en les rétribuant largement des premiers sacrifices qu'il sont obligés de faire pendant les deux ou trois premières années pendant lesquelles les plants de café ne rapportent rien. On devrait leur payer pendant ce temps dix centimes par pied et par an, et surtout leur donner la complète propriété du café planté. Cette propriété doit être individuelle et non être communale parce que. dans ce dernier cas, les notables auraient tout le bénéfice de cette culture, et les cultivateurs n'y ayant pas d'intérêt, n'en prendraient pas les soins nécessaires.

Deux millions de francs devraient être employés annuellement à indemniser les propriétaires de café pour vingt millions de pieds et le budget de la colonie se rembourserait de ces avances par le revenu de l'impôt du café lorsqu'il serait en plein rapport.

Les contrôleurs dont nous avons réclamé l'établissement dans les précédents chapitres, veilleraient à la culture du café et à ce que le nombre des plants déclarés fût exact.

Dans huit ou dix ans, la colonie pourrait produire pour quatre-vingts millions de francs de café.

Mais il est de toute urgence de réformer le personnel de l'administration. Quand cette réforme sera faite et que les administrateurs seront réduits à l'obéissance, il sera facile de faire prospérer la culture du café.

Ce que nous venons de dire pour le café doit être appliqué aussi aux plantations de cacao qui vient très-bien en Cochinchine, quoique ce produit soit d'une bien moins grande importance que celui du café. Mais le rapport de cette culture est assez grand pour que l'administration y apporte toute son attention.

Les palmiers à sucre ont une grande importance au point de vue de la richesse sucrière de la Cochinchine. Ils y prospèrent mieux que la canne à sucre et n'exigent aucun travail d'entretien. Il suffit de les planter dans un terrain défriché, on n'a plus ensuite qu'à récolter le jus sucré qu'ils produisent.

De grands espaces incultes en Cochinchine peuvent être plantés en palmiers qui produiraient plus tard d'immenses quantités de sucre. Les palmiers à sucre sont la principale richesse sucrière des Etats-Unis, la Cochinchine doit suivre leur exemple, les frais de plantation ne seraient pas grands, et la colonie serait le fournisseur de sucre à sa voisine la Chine qui en importe d'immenses quantités.

Ce serait un des plus grands éléments de richesse de la Cochinchine.

Tout dépend de la réforme de l'administration.

Création de l'industrie coloniale.

La Cochinchine qui peut produire tant de matières premières, fait cependant venir de l'étranger tous les objets manufacturés qu'elle consomme.

Elle possède de riches mines de fer, du combustible partout, et elle fait venir du dehors le fer nécessaire à ses besoins.

Elle produit du coton en abondance, et les Anglais lui fournissent toutes les cotonnades nécessaires à l'habillement de ses habitants.

Elle possède de magnifiques forêts de bois de première qualité, et la colonie anglaise de Singapour lui fournit les bois façonnés qui lui sont nécessaires et de qualité tout à fait inférieure.

Les vers à soie viennent mieux en Cochinchine que dans tout autre pays du monde, cependant la Chine lui fournit presque toutes les étoffes de soie qu'elle consomme.

La canne à sucre y vient très-bien, les palmiers peuvent produire d'énormes quantités de sucre, et la colonie est obligée d'acheter à l'extérieur une partie du sucre nécessaire à sa consommation.

Elle possède de grands dépôts de calcaire, et elle reçoit de Singapour de la mauvaise chaux de corail pour presque toutes ses constructions.

Elle possède tout et ne s'en sert en rien.

Tous ceux qui ont fait des essais industriels ont eu contre eux l'hostilité de l'administration, tous se sont ruinés et actuellement personne ne veut plus rien tenter.

En vain l'administration promettrait-elle maintenant son appui, personne ne voudrait y croire, tous s'abstiendraient.

Comme l'ont fait les Hollandais à Java, c'est à l'administration qu'incombe le devoir de créer l'industrie en Cochinchine, où tant d'éléments de succès, de prospérité l'attendent.

Nous avons vu qu'il y aurait plus de six millions d'excédant de recettes en opérant les réformes économiques que nous avons signalées.

En donnant trois millions de subvention pendant les premières années pour la culture du café, du cacao et des palmiers à sucre, il resterait donc disponible trois millions et demi de francs, dont la plus grande partie devrait être employée à créer l'industrie en faisant construire aux frais du budget de la colonie, toutes les scieries, usines, manufactures et hauts fournaux qui sont nécessaires.

L'administration céderait ensuite ces industries ainsi établies, à des Français dont l'économie, l'aptitude et la position lui donneraient au moins des garanties morales de remboursement.

Ces industriels rembourseraient par annuités le minimum des avances qu'aurait faites le budget de la colonie qui, de cette manière, loin d'y perdre, y gagnerait par l'augmentation des revenus de l'impôt.

Il faudrait d'abord établir deux grandes scieries à vapeur, une à Saigon, l'autre au Cambodge, qui fourniraient à bas prix tous les bois façonnés par la suppression des droits existants. La colonie serait ainsi affranchie du tribut qu'elle paie aux Anglais pour tous les bois façonnés qu'ils lui fournissent, et l'administration en employant des bois presque incorruptibles serait dispensée de recommencer ses constructions tous les quatre ou cinq ans.

Construire ensuite des usines à décortiquer le riz et les céder au même titre que les scieries pour les garanties de remboursement.

Etablir aussi des manufactures de tissus et des hauts fournaux, et les céder comme ci-dessus.

Faire tous les travaux nécessaires pour l'exploitation des mines de calcaire et mettre ensuite aux enchères ces mines ainsi débouchées.

Le budget ne ferait en réalité que des avances pour la garantie desquelles l'administration aurait toujours les constructions qu'elle aurait édifiées.

Ce serait une vente d'immeubles sans intérêt, sur lesquels elle aurait première hypothèque ; l'administration courrait donc peu de risques, et la Cochinchine pourrait devenir une des colonies les plus industrielles du monde.

Bien loin de s'approvisionner à l'extérieur, ce serait elle au contraire qui pourrait approvisionner les pays voisins.

Les Hollandais ont agi ainsi dans leurs possessions, où, il y a peu d'années encore, il n'y avait presque pas d'industrie. Ils ont crée toute l'industrie actuelle et en ont cédé les établissements à des Européens offrant des garanties au moins morales de remboursement.

Les colonies hollandaises sont certainement les mieux administrées de toutes les colonies européennes. Les populations y sont amies de l'indépendance, belliqueuses, et cependant les Hollandais gardent leurs colonies avec peu de soldats et ils font des conquêtes, c'est leur exemple qu'il faut suivre.

La richesse d'un pays dépend uniquement de son industrie. L'Angleterre est immensément plus riche que la Turquie et l'Espagne, uniquement parce qu'elle est immensément plus industrielle que ces deux contrées.

Plus que Java et que l'Inde, la Cochinchine pourrait devenir industrielle, parce qu'elle aurait d'immenses débouchés chez ses voisins, les Chinois, les Siamois, les Laofiens, etc.

Mais hélas ! avec l'administration actuelle, il n'y a rien à espérer, elle est trop à réformer pour pouvoir créer l'industrie européenne en Cochinchine.

Nous répétons ici que nous n'avons jamais voulu impliquer le gouverneur dans l'administration de la colonie. Comme le ministère, il est trompé par tous ces nombreux rapports des administrateurs et Dieu sait si la vérité y tient peu de place. Il ne séjourne dans la colonie que deux années au plus, il retourne en France désillusionné, sans avoir pu réformer l'administration, ni même en connaître les vices.

Le gouverneur est donc hors de cause dans notre critique, mais la charge la plus grande en incombe à tous les directeurs de l'intérieur qui se sont succédé en Cochinchine ; ils ont tous été les complices intéressés, les soutiens des vices de l'administration.

C'est par le directeur qu'il faut commencer la réforme du personnel de l'administration, et placer là un homme sévère et compétent qui ne se laisse pas ébranler par l'opposition que lui feront les administrateurs.

Avec un pareil directeur seulement la colonie pourra prospérer.

Mesures de salubrité.

La presque totalité de la mortalité des Européens en Cochinchine provient de l'anémie et la dysentérie. Presque tous les soldats qui succombent meurent de la dernière de ces maladies.

On peut estimer la mortalité de la troupe annuellement à un huitième au moins de l'effectif.

Cette mortalité est effrayante dans sa proportion, cependant il est facile de la réduire à une moyenne très-faible.

Jusqu'alors on a dépensé beaucoup d'argent, mais on n'a rien fait d'utile pour la santé des Européens. La mortalité est proportionnellement aussi grande qu'il y a dix ans.

On a construit un hôpital qui a coûté plusieurs millions ; on prodigue aux malades des drogues dont l'inefficacité est reconnue par tous les médecins, et on s'est arrêté là. L'hôpital où sont entassés les malades est un foyer d'infection, tout aéré, tout splendide qu'il est.

Ce triste résultat est dû à plusieurs causes.

Les hôpitaux sont gérés par l'administration militaire qui est trop divisée. Il n'y a pas unité de direction. Le commandant des troupes, le commandant de la marine, le chef du service administratif et le chef du service de santé concourent à cette direction.

Aucun d'eux ne reste plus de deux ans dans la colonie, aucun d'eux n'a un pouvoir complet, pour éviter des conflits ; ils laissent les choses comme elles sont.

Aucun de ces chefs n'ayant une autorité supérieure, et étant tous de passage dans la colonie, ils craignent de se créer des chicanes et ne peuvent faire aucune réforme utile.

C'est à l'administration locale de la colonie que doit incomber la charge des dépenses et de la direction des hôpitaux et faire les réformes que nous allons indiquer.

Il est reconnu par tous les médecins de la Cochinchine que la dysentérie peut être guérie avec du lait pur ; l'expérience de tous les jours confirme cette assertion.

L'efficacité du lait étant bien constatée, on a cherché à guérir les malades avec ce remède ; mais le lait qu'on leur donne ne peut pas les guérir parce qu'il est mauvais.

La fourniture du lait nécessaire à l'hôpital est faite par l'adjudication. Le fournisseur prend du lait partout où il en trouve, de chèvre, de vache, frais et cuit ; ce lait est déjà frelaté, le fournisseur en augmente encore considérablement le volume avec divers ingrédients. On envoie ce lait ainsi composé à l'hôpital.

Comme le lait est d'un prix très-élevé en Cochinchine, l'hôpital ne prend strictement que ce qui est prescrit aux malades. Mais dans tous les hôpitaux du monde il y a les sœurs, les infirmiers et autres employés qui en consomment. Pour en avoir, ils sont obligés de le remplacer par de l'eau, afin de pouvoir donner aux malades la quantité qui est prescrite par l'ordonnance du médecin, et le lait ainsi parvenu aux malades est d'une complète inefficacité.

Pour obtenir du bon lait et en quantité suffisante pour les malades, il est de toute nécessité que l'administration ait des vaches en quantité suffisante pour cette fourniture. L'adjudication ne donnera jamais que du lait frelaté. Celui qui est fourni aux hôpitaux en France n'est même pas pur ; en Cochinchine c'est bien pis parce que le lait y est rare et qu'on ne peut pas être sévère.

L'administration devrait faire venir de Hollande au moins cent vaches et le nombre de taureaux nécessaire pour la reproduction. Le climat de la Hollande est humide comme celui de la Cochinchine ; les terres y sont de même basses et nous pensons que le bétail s'y acclimaterait.

L'hôpital aurait du bon lait en abondance et on pourrait y guérir les dysentériques qui succombent presque tous.

L'hôpital devrait être construit proche de l'endroit où

seraient les vaches, qui pourraient être transportées à Trang-Bang où il y a des pâturages et où le climat est relativement sain. L'hôpital devrait être composé de petites maisons à rez-de-chaussée en bois, qui seraient plus saines que des maisons en briques et coûteraient moins cher. Le climat qui est toujours chaud et humide en Cochinchine exige des logements secs et espacés les uns des autres.

Le grand hôpital actuel convient très-bien pour caserner la troupe, ce qui ferait l'économie de la construction d'une caserne. En réalité le budget ne perdrait rien à la construction d'un hôpital composé de maisons légères et dans la position que nous venons d'indiquer. Comme les trois quarts au moins des soldats malades sont des dysentériques, ils pourraient presque tous être guéris. C'est ainsi qu'à Java l'administration préserve les soldats des maladies.

Les Hollandais, avec l'esprit pratique qui les distingue, ont établi dans leurs colonies des lieux de convalescence sur des hauteurs où l'air est pur. Les Européens anémiés par un séjour prolongé dans les plaines viennent se guérir dans ces lieux de convalescence et sont ainsi dispensés de retourner en Europe pour y rétablir leur santé délabrée.

Il est facile de faire de même en Cochinchine.

Une montagne près de Tay-Ninh en Cochinchine a environ 900 mètres de hauteur. Au sommet de cette montagne, le climat est tempéré et salubre. Là, il faut établir un hospice pour la convalescence des Français fatigués par le climat de la colonie.

La seule maladie qu'il y aurait à redouter serait des

fièvres des bois, mais il est facile d'y remédier en détruisant la forêt qui entoure la montagne et, à peu de frais, en obligeant les nombreux Chinois qui ne paient pas de capitation à fournir un certain nombre de journées de travail qu'on emploierait au déboisement. Dans un mois ce serait terminé, et le déboisement ainsi que les chemins seraient faits sans frais. Les bois abattus fourniraient les bois façonnés nécessaires à la construction des bâtiments de l'hospice.

Comme on le voit, cet hospice ne nécessiterait que très-peu de dépenses.

Il est difficile en France d'avoir une idée de l'importance capitale qu'aurait pour les Européens de la colonie, l'établissement d'une convalescence dans un endroit salubre de la colonie.

Les commerçants européens redoutent extrêmement de retourner en Europe, parce qu'en s'absentant de la colonie, ils sont obligés de confier leurs affaires à des tiers qui n'ont pas toujours leur confiance. Souvent ces tiers tombent malades à leur tour, et les affaires du négociant qui est en Europe sont à l'abandon. Quelquefois aussi le chargé d'affaires du négociant fait ses affaires au préjudice de son patron, et d'ailleurs le commerce du négociant périclite lorsqu'il est absent.

Les employés de commerce et autres redoutent encore plus de quitter la colonie, parce que rentrer en France c'est la perte de leur place, de leurs économies, à cause des grands frais que nécessite leur voyage.

Aussi, commerçants, ouvriers et employés européens se laissent-ils souvent mourir plutôt que de quitter la colonie, ce qui serait leur ruine.

L'établissement d'une convalescence dans un lieu salubre en Cochinchine serait donc un immense bienfait pour tous les Français de la colonie.

L'administration pourrait aussi réduire considérablement l'effectif de son personnel, parce que près d'un tiers de ce personnel est constamment en France pour le rétablissement de sa santé ; avec la convalescence que nous venons de signaler, un sixième seulement du personnel serait distrait du service.

Puisque les Hollandais ont réussi à Java, nous ne voyons pas pourquoi nous ne réussirions pas en Cochinchine. Il n'y a aucune raison à opposer à l'établissement d'un hospice au sommet de la montagne que nous avons indiquée. La santé publique doit avoir toute la sollicitude du gouvernement dans les colonies.

Mais avec l'administration fantaisiste que nous avons en Cochinchine, c'est inutile de s'en occuper ; ce serait un nouveau gaspillage d'argent et on ne ferait rien de bon.

Pour pouvoir faire toutes les réformes et tout le bien possibles, il est indispensable de commencer par réformer toute l'admintstration.

Annexion du Cambodge et du Tonquin.

Le Cambodge est un petit royaume voisin de la Cochinchine, qui est sous la protection et l'autorité de la France, mais qui est indépendant sous le rapport administratif.

Là, le communisme fleurit dans toute sa vigueur.

La propriété de la terre appartient au roi qui prélève un dixième sur toutes les récoltes, et les fonctions publiques ne sont pas rétribuées. Telle est la théorie du système, mais l'application est la misère des populations du Cambodge. Les collecteurs prennent au moins deux dixièmes des récoltes ; les gouverneurs, sous-gouverneurs, chefs de canton et autres fonctionnaires s'emparent de la plus grande partie du reste et laissent au pauvre agriculteur à peine de quoi subsister, quelle qu'ait été l'importance de sa récolte. Aussi les malheureux Cambodgiens sont-ils dans une extrême misère et ne sèment que ce qui leur faut pour ne pas mourir de faim.

Cependant les Cambodgiens sont le peuple le plus agriculteur de 'Indo-Chine. Dans nos possessions en Cochinchine où ils sont en grand nombre, ce sont les cantons qu'ils habitent qui sont de beaucoup les mieux cultivés. Ils sont aussi grands éleveurs de bétail.

Ce peuple est d'une soumission excessive. Un Cambodgien des provinces indépendantes ne parle à la plus minime autorité qu'à genoux et les mains jointes ; quand il rencontre un supérieur, il se met à plat ventre jusqu'à ce que celui-ci ait fini de passer.

Ce peuple si craintif et si soumis n'est pas du tout guerrier. Pendant longtemps, la France n'avait comme force armée qu'un détachement de quinze soldats français à la capitale et ce détachement était certainement la force la plus imposante du royaume. Toutes les troupes du roi n'auraient pu le réduire.

L'annexion du Cambodge ne présenterait aucune résistance, aucune difficulté. Le roi actuel est un ivrogne insensé qui ne demande qu'à bien vivre, avec une pension suffisante, il accepterait tout. Les princes et les ministres se tiendraient aussi tranquilles avec une pension, et la masse du peuple serait délivrée du communisme, de l'oppression, et ferait du fertile royaume de Cambodge la contrée la plus florissante de l'Indo-Chine.

Cette contrée est beaucoup plus saine que la Cochinchine parce qu'elle est plus élevée ; les Français s'y acclimateraient parfaitement et en exploiteraient les richesses industrielles, telles que les mines de toutes sortes.

Le Cambodge est le pays de production par excellence des matières premières propres à l'industrie. Par sa possession, tout le commerce des contrées riveraines du fleuve le Mei-Kong suivrait le cours de ce fleuve pour se rendre à Saigon.

Actuellement les marchandises d'importation et d'exportation des contrées du Nord se transportent à dos jusqu'aux affluents du Mei-Nam par la voie de Siam. Cela tient à ce qu'elles ne trouvent pas la sécurité au Cambodge où on en est encore au système du moyen-âge pour les douanes. Il y a des droits de péage dans tous les villages, ce qui chasse le commerce de transit.

Le nombre des soldats français casernés en Cochinchine est plus que suffisant pour la garder avec le Cambodge. 2,400 soldats sont plus que suffisants pour garder ces deux provinces. Avec des blockhaus tels qu'on en fait actuellement, 1,500 soldats suffisent pour garder la Cochinchine et réprimer toutes les insurrections, et ensuite 600 hommes pour le Cambodge et trois cents malades au plus dans les hôpitaux.

Trente soldats dans un blokhaus fortifié avec une mirailleuse et une quantité suffisante de vivres et de muni tions, tiendraient tête à toutes les armées annamites et cambodgiennes qui ne pourraient les réduire.

La France, comme nous venons de le voir, doit s'annexer le Cambodge.

Le Tonquin est une riche contrée sous la domination du roi d'Annam et frontière de la Chine. Cette province, après avoir été pendant de longs siècles indépendante, a été conquise par le roi d'Hué il y a environ soixante ans. La population n'aime pas la cour d'Hué et elle est très-fière de sa civilisation.

En 1873, un savant et patriotique officier de marine, M. Francis Garnier d'illustre mémoire, conquit le Tonquin avec une poignée de soldats français. La population de cette contrée accepta avec empressement notre domination. Malheureusement cet héroïque officier fut tué dans une rencontre avec des pirates chinois, et le Tonquin fut abandonné par la France. L'opinion publique en Cochinchine a vivement flétri les auteurs présumés de cet abandon, et nous avons établi depuis un soi-disant protectorat sur le royaume d'Annam.

Malgré ce protectorat, aucun commerçant européen n'ose s'aventurer au Tonquin, certain qu'il serait d'être pillé et arrêté par les autorités du roi, exemple : M. Dupuis. Nous avons plusieurs consuls au Tonquin qui ont des fonctions très-importantes ! Ils représentent les soldats français qui les gardent et les soldats français gardent les consuls qui les représentent. Ils n'ont pas de relations à avoir avec les autorités du pays, puisqu'il ne paraît au Tonquin, jamais un commerçant français ou de possession française.

Il est impossible que la France reste dans cette situation

qui ne peut pas s'améliorer. Nous y dépensons beaucoup de soldats et plusieurs millions par an et nous n'en tirons aucun avantage politique ou financier.

Il faut donc que la France évacue ou s'annexe le Tonquin. C'est ce dernier parti que nous conseillons parce qu'on peut en tirer des avantages immenses, incalculables par le voisinage des provinces les plus riches et les plus peuplées de la Chine, et, il ne faut pas l'oublier, la Chine possède au moins dix fois autant d'habitants que la France.

Tous les fleuves du Tonquin ont leur source en Chine et plusieurs d'entre eux sont navigables jusqu'au milieu des provinces chinoises les plus riches.

Nous pourrions être le grand fournisseur de tous les objets d'importation en Chîne sans crainte d'aucune concurrence étrangère. La prohibition des produits de l'industrie européenne par les droits de douane, serait presque impossible par la difficulté d'empêcher l'introduction des produits européens parce que la frontière est terrestre, d'une très-grande étendue et que les Chinois préposés à la surveillance de cette frontière seraient heureux d'avoir ces prétextes pour recevoir les pourboires des introducteurs. Les Chinois commerçants se chargeraient de tout.

La nation annamite est la plus douce, la plus soumise et la plus facile à gouverner que nous connaissions. Un faible contingent de soldats français suffirait pour garder le Tonquin, dont la plus grande partie devrait être disséminée sur des hauteurs dans les frontières de la Chine et de l'Annam. De faibles détachements devraient être cantonnés à l'intérieur dans des blokhaus et la police serait faite par la milice indigène comme cela se pratique en Cochinchine. Les côtes de la mer sont basses et malsaines ; on ne doit pas y établir des soldats français qui ne pourraient empêcher l'entrée des pirates maritimes. Deux navires à vapeur devraient longer constamment les côtes pour les surveiller.

En cas d'insurrection, le détachement principal affecté pour cette éventualité se porterait contre l'insurrection qui ne pourrait avoir un grand appui à l'extérieur, parce que les frontières seraient soigneusement gardées.

Voilà ce que nous devons faire au Tonquin, mais il est de toute nécessité que les Chambres obligent le ministère à faire réformer l'administration de la Cochinchine. Si le Parlement laisse dans l'indifférence cette question capitale, on peut désespérer de la prospérité de nos colonies qui continueront à grever fortement le budget au lieu d'être une branche de revenus.

Nous n'avons pas ignoré ce que nous encourions en publiant cette brochure, mais advienne que pourra, nous croyons avoir rendu service à la France et à la Cochinchine.

Damblain, Vosges, ce 6 novembre 1878.

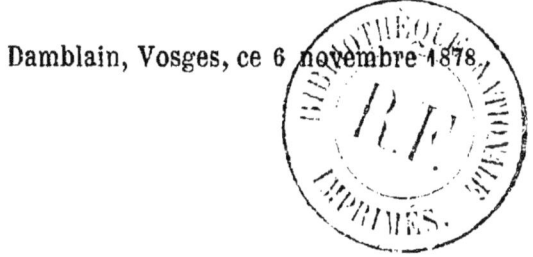

www.ingramcontent.com/pod-product-compliance
Lightning Source LLC
LaVergne TN
LVHW050635090426
835512LV00007B/872